QUE SAIS-JE ?

La réincarnation

JEAN VERNETTE

Docteur en théologie

DU MÊME AUTEUR

Théodore de Mopsueste, Rome, 1954, 200 p.
Pour les adolescents d'aujourd'hui : les temps forts, Paris, Sénevé, 1970, 150 p.
Seront-ils chrétiens ? Perspectives catéchuménales, en collaboration avec Henri Bourgeois, Lyon, Chalet, 1975, 200 p. (+ trad.).
Sectes et réveil religieux. Quand l'Occident s'éveille, Mulhouse, Salvator, 1976, 220 p.
« Croire en dialogue ». Les religions, les églises, les sectes, en collaboration avec René Girault, Limoges, Droguet & Ardant, 1979, 520 p. (20e mille + trad.).
Des chercheurs de Dieu hors frontières, Paris, Desclée de Brouwer, 1979, 160 p.
Guide des religions (coll.), Paris, Dauphin, 1981 (2e éd.).
Au pays du nouveau sacré. Voyage à l'intérieur de la jeune génération, Centurion, 1981, 220 p.
Guide de l'animateur, en collaboration avec A. Marchadour, Limoges, Droguet & Ardant, 1983, 550 p. (10e mille + trad.).
Les sectes, l'occulte et l'étrange (6 albums BD), Salon-de-Provence, Editions du Bosquet, 1985 (300e mille + trad.).
Les sectes et l'Eglise catholique, Paris, Cerf, 1986, 120 p. (2e éd.).
Occultisme, magie, envoûtements, Mulhouse, Salvator, 1986, 200 p. (5e éd. + trad.).
Les grandes questions de l'existence (6 albums BD), Salon-de-Provence, Editions du Bosquet, 1986 (300e mille + trad.).
Des sectes à notre porte ?, en collaboration avec Y. de Gilbon, 100 p. (3e éd.), Chalet.
Réincarnation, résurrection, communiquer avec l'au-delà, Mulhouse, Salvator, 1988, 190 p. (3e éd. + trad.).
Peut-on prédire l'avenir ?, Paris, Centurion, 1989, 128 p. (+ trad.).
Le nouvel âge, Paris, Téqui, 1990, 250 p. (3e éd. + trad.).
Peut-on communiquer avec l'au-delà ?, Paris, Centurion, 1990, 128 p. (+ trad.).
Les sectes, Paris, PUF, 1990, 128 p. (3e éd. + trad.).
Paraboles pour aujourd'hui, Limoges, Droguet & Ardant, 1991, 200 p. (2e éd. + trad.).
La sorcellerie, Paris, Droguet & Ardant, 1991, 200 p. (+ trad.).
Si Dieu était bon..., Paris, Centurion, 1991, 128 p. (2e éd.).
Exorciste aujourd'hui ?, en collaboration avec N. Leneuf, Mulhouse, Salvator, 1991, 90 p.
Le New Age, Paris, PUF, 1992, 128 p. (2e éd. + trad.).
Paraboles d'Orient et d'Occident, Paris, Droguet & Ardant, 1993, 220 p. (+ trad.).
Sectes : que dire ? que faire ?, Mulhouse, Salvator, 1994, 200 p. (2e éd.).
Dictionnaire des groupes religieux aujourd'hui, Paris, PUF, 1995, 256 p.

ISBN 2 13 047161 7

Dépôt légal — 1re édition : 1995, septembre
© Presses Universitaires de France, 1995
108, boulevard Saint-Germain, 75006 Paris

Introduction

QUE SE PASSE-T-IL APRÈS LA MORT?

L'interrogation sur l'après-vie est une donnée incontournable de toute vision philosophique et religieuse de l'homme et du monde. Car la mort est la seule chose que nous pouvons tenir pour certaine et que nous expérimenterons tous un jour. C'est la grandeur de l'homme de pouvoir poser une telle question. Il est de tous les êtres vivants le seul capable d'envisager sa mort et l'Au-delà de sa mort, comme il est le seul à enterrer ses défunts. Le rituel qui accompagne leur inhumation semble d'ailleurs trouver son explication dans le refus instinctif de considérer la mort comme la fin de la vie. Et dans l'affirmation qu'une partie de l'individu continue à vivre.

C'est que la mort est la violence suprême et sans recours. Aussi l'homme l'entoure-t-il d'un réseau de rites destinés à délimiter son domaine pour éviter la contagion. Il essaie de l'encager. Chez les bouddhistes on procède à l'incinération. En Europe, à l'inhumation. Chez les Indiens et en Sibérie, à l'exposition des cadavres sur des échafaudages. Mais ce ne sont que des moyens de se séparer du corps, car le mort reste vivant d'une certaine manière. Au moment du décès, en Hongrie, on recouvrait les glaces d'un couvre-miroir spécial pour empêcher l'âme des morts de s'y refléter. Tandis qu'en Chine elles restent à la maison sur l'autel familial où une tablette porte son nom.

Mais si hier la mort était une réalité reconnue qui faisait partie de la vie courante, de nos jours en Occident le consensus social essaie de la cacher, de la banaliser et de la placer sous silence. On voue un culte à la jeunesse éternelle et à la santé comme normes de valeurs absolue. On ne meurt plus : on « part » dans l'isolement aseptisé d'une chambre d'hôpital. Et pourtant ces interdits sociaux sur l'évocation de la mort n'arrivent pas à la gommer, même quand on met en œuvre tous les moyens scientifiques pour essayer de se prémunir contre elle. Car il apparaît à la réflexion qu'elle n'est pas une sorte de maladie à vaincre, une épidémie contre laquelle on pourrait se vacciner, mais une partie intégrante de notre vie. Tel est l'enseignement de toutes les grandes religions, qu'elles enseignent la réincarnation en une nouvelle existence terrestre, ou la résurrection pour une vie éternelle. C'est la dernière étape de la croissance, celle qui donne l'ultime chance de devenir plus totalement soi-même et plus pleinement homme.

L'Hindouisme et le Bouddhisme expliquent ainsi qu'elle n'est qu'une étape passagère dans un grand jeu de la vie qui se déroule au long de multiples existences. Car la grande Loi cosmique serait celle de la réincarnation : « A la façon d'un homme qui a rejeté des vêtements usés et en prend d'autres neufs, l'âme incarnée, rejetant son corps usé, voyage dans d'autres qui sont neufs », énonce la Bhagavad-Gîtâ. Pour le Christianisme au contraire, au terme de notre existence terrestre nous ressusciterions pour la vie éternelle en Dieu. A l'exemple du Maître Jésus de Nazareth « ressuscité d'entre les morts », notre vie dans l'Au-delà se situerait dans le prolongement de notre existence ici-bas, mais d'une manière entièrement renouvelée. La croyance à la réincarnation est devenue ainsi un lieu de rencontre-type entre l'Orient et l'Occident, entre deux anthropologies, deux *Weltanschaung,* deux visions du monde spécifiques, mais entre lesquelles les échanges se multiplient. Le schéma de base de la transmigration après la mort donne naissance d'ailleurs à de multiples modèles, suivant les cultures, les philosophies, les civilisations. « Que se passe-t-il après la mort ? » Tel est bien l'argument central de ces pages.

Quelques éléments de vocabulaire :

Réincarnation : perspective selon laquelle l'âme (ou l'élément psychique ou le corps subtil) se dote à chaque existence successive d'un corps différent et se trouve ainsi « réincarné ».

Transmigration : ce mot de même signification, est employé en général dans l'Hindouisme et le Bouddhisme. On parle aussi du « cycle des renaissances » (ou : palingenèse).

Métensomatose : connote le passage (ou transvasement) d'un corps à l'autre, comme dans le pythagorisme, l'orphisme.

Métempsycose : nouvel état de l'âme, qui peut se réaliser par une régression dans un végétal ou un animal. Certains groupes ne l'admettent pas, tels les Rose-Croix, l'Anthroposophie, la Théosophie. La réincarnation du « corps subtil » se ferait toujours dans un corps humain, chacun suivant son *karma* (résidu des actes posés dans les vies antérieures).

Survie : affirmation que l'existence ne se termine pas avec la vie terrestre. Mais elle peut se jouer soit dans un autre état (un « ailleurs » : la béatitude éternelle, ou bien un lieu qui ne serait qu'un pâle reflet de la vie présente), soit par de nouvelles incarnations sur la terre.

Animisme : croyance en l'existence d'un Principe supérieur, d'une force vitale, d'un « Esprit » dans les lieux et les choses. Plusieurs religions africaines sont animistes, mais elles ne croient pas toujours pour autant à la réincarnation.

Résurrection : dans le Christianisme, c'est le retour à une vie nouvelle et éternelle après la mort corporelle. Celle de Jésus fonde la foi chrétienne. Elle différerait de la simple réanimation d'un cadavre (jusqu'à sa mort définitive) comme ce fut le cas pour Lazare (Jn 11, 1 à 44).

Préexistence des âmes : doctrine selon laquelle les âmes humaines auraient existé bien avant leur existence corporelle, soit qu'elles ait été créées toutes ensemble dès le commencement, soit qu'ayant péché durant cette existence spirituelle elles aient été condamnées à prendre un corps (thèse de l'Origénisme et du Priscillianisme).

Chapitre I

UN SCHÉMA COMMUN SOUS DES CONCEPTIONS DIFFÉRENTES

Pourquoi croit-on à la réincarnation aujourd'hui ?

La conception occidentale, assez floue, diverge sur plusieurs points de la tradition orientale. Mais un même noyau d'observations et de convictions communes se retrouve dans les deux visions du monde.

Une mémoire du passé. — On se fonde sur le sentiment du déjà-vu, cette impression fugitive d'avoir vécu ailleurs d'autres existences, comme une mémoire étrange du passé qui grouillerait au fond de nous. Le sentiment, devant un lieu totalement inconnu, de l'avoir déjà visité dans une autre vie. Ou devant une personne aussi inconnue, l'impression d'une reconnaissance immédiate et assurée, comme si des liens avaient été tissés dans une existence antérieure. Serions-nous la simple résurgence d'une longue série d'ancêtres qui auraient été nous, mais dans des corps et des existences différents ?

Des écoles et groupes à visée thérapeutique vont alors proposer des « lectures des vies passées » pour retrouver dans une vie antérieure, par-delà l'enfance ou la vie prénatale, l'origine des traumatismes physiques ou psychologiques actuels. Pour guérir leurs séquelles dans la vie d'aujourd'hui. Aux yeux de certains psychologues, cet effet libératoire serait toutefois à mettre simplement au compte de la projection dans une vie passée des difficultés et des peurs auxquelles le sujet est affronté dans la vie présente. Elles lui permettraient d'exprimer son drame et de reconnaître la question qu'il pose. Mais des effets de guérison se manifestant de manière vérifiable, l'hypothèse de la réincarnation peut être retenue.

L'enfance semble être l'âge idéal de la manifestation du passé enfoui, juste avant que le mode de réflexion purement rationnel étouffe ces souvenirs « instinctifs ». Des enfants se mettent à jouer au piano des mélodies qu'ils n'ont, semble-t-il, jamais apprises, ou parlent des langues étrangères à leur entourage. Ils paraissent bénéficier d'un potentiel de savoir et d'expérience tel qu'on est tenté de l'attribuer à un vécu antérieur.

Une explication des injustices de l'existence. — Beaucoup ont le sentiment que seule l'hypothèse de la réincarnation peut rendre compte des injustes inégalités de l'existence. Cette croyance traduit alors le besoin pressant d'une rétribution après cette vie, d'une justice postérieure qui compense ces inégalités. Quelle injustice d'en voir certains toujours riches et en bonne santé, alors que d'autres sont toujours malades et miséreux. Or l'Hindouisme et le Bouddhisme donnent une explication qui paraît convaincante. Nous nous réincarnons en fonction de nos existences antérieures. A bonne action durant cette vie, bonne renaissance. A mauvaise action, réincarnation pénible, au bas de l'échelle. Et la ronde des renaissances ne cesserait que lorsque sera enfin brisée cette chaîne des effets et des causes. L'Ordre divin se rétablirait ainsi rapidement, car celui qui torture saurait qu'il sera torturé à son tour dans une autre vie, si ce n'est dans celle-ci, par un juste retour des choses. Celui qui vole, qui abuse de ses richesses, saurait qu'il sera réduit à la misère, « pour payer sa dette jusqu'au dernier sou ». Ce serait la Loi de Justice que les anciens exprimaient par l'adage : « œil pour œil, dent pour dent ». C'est-à-dire : si tu arraches un œil à ton frère, il te sera aussi arraché un œil de par la loi du choc-en-retour. Jésus n'a-t-il pas dit, ajoutent certains : « On usera pour vous de la même mesure dont vous aurez usé avec autrui » ?

Ceux qui sont désorientés par les inégalités de cette vie, comprendraient alors lumineusement qu' « on récolte exactement ce que l'on a semé ». Mon sort actuel n'est pas le fruit d'une aléatoire combinaison sous le signe de la chance ou de la malchance, mais celui du degré de purification et de réalisation de l' « homme intérieur » en moi.

L'occasion d'une pleine réalisation de soi. — Car, pensent certains, on ne peut pas jouer le quitte ou double de l'éternité sur une seule existence. Une nouvelle chance doit nous être donnée. Et si l'on enseignait la loi de la réincarnation, les cœurs et les mentalités changeraient. Chacun comprendrait qu'en chaque incarnation il prépare sa vie prochaine. Que la terre est un champ de travail et de dépassement pour accéder à des sphères supérieures et divines. Que nous y avons été mis pour développer toutes nos potentialités. Aussi si elles ne sont pas réalisées en cette vie, le seront-elles dans la vie suivante. Atteindre la perfection en une seule vie apparaît à l'évidence comme une gageure impossible à la plupart. Mais de vie en vie, l'homme peut évoluer et progresser, chuter et se reprendre, reconnaître ses erreurs et tirer les leçons de ses échecs. Telles seraient les Lois éternelles. Ces perspectives sont surtout celles de l'Occident, où la réincarnation est le plus souvent considérée comme une occasion de se purifier et de se perfectionner dans une nouvelle existence.

Contre le racisme et pour la protection de l'environnement. — Dans la même perspective occidentale on verra dans la croyance à la réincarnation l'antidote assurée de tous les racismes. Si j'ai été dans une existence antérieure jaune ou noir, si je peux être dans une existence future juive ou arabe, comment ne pas respecter tous les hommes quels qu'ils soient ?

Certains pensent que c'est aussi une manière de retrouver nos racines. Par la réincarnation je prends conscience que je fais partie du cosmos. Je me découvre comme un simple élément, un maillon de la chaîne de la Vie, animé d'une énergie cosmique qui bat identiquement dans nos veines comme dans chaque être vivant : l'Energie divine. Est-ce refus de la vie personnelle, de la différence, de la temporalité, de l'altérité au profit du « sentiment océanique » cher à Romain Rolland ? Est-ce remise entre les mains du Destin cosmique, l'*anagké* hellénique ? Cela se traduit en tous cas par un respect de l'environnement sous toutes ses formes, qui rejoint l'inspiration écologique.

La croyance à la réincarnation naît aussi de l'expérience humaine universelle de la répétition des actes, tout au long de la journée dans les gestes quotidiens, tout au long de la vie dans la succession des âges, et finalement, pense-t-on, d'une existence à l'autre dans la chaîne des renaissances constituant le fil conducteur d'une destinée.

Une conduite rassurante devant la mort ? — La perspective de la mort pose à chaque instant question à notre vouloir-vivre. Comment alors l'exorciser ? Certains refusent certes d'envisager sa perspective : elle est impensable, disent-ils, car mort et naissance ne sont événements que pour les autres et non pour moi. Comment penser des événements où il y a un après mais pas d'avant ? Ou bien un avant mais pas d'après vraiment saisissable ?

Les religions, elles, la prennent en compte et apportent des réponses : religions de sagesse comme le Bouddhisme, religions de salut comme le Christianisme. Mais parmi les conduites rassurantes qu'elles proposent, la perspective de la réincarnation paraît aux yeux de beaucoup aujourd'hui comme des mieux adaptées. Elle permettrait d'abord avec plus de sérénité la pensée traumatisante de la venue inéluctable de la mort puisque ce n'est qu'un passage avant une nouvelle existence, sur cette même terre. Et la perspective d'une fin du monde prochaine à l'issue de l'âge de Fer du Kali Yuga ou du IIe millénaire deviendrait moins inquiétante : puisque l'univers est cyclique et que l'éternel retour nous conduira à reprendre la ronde des existences, sur cette même terre. Comme l'écrit le poète afghan Jalâl Al Dîn Rûmî (1212-1273) :

« Quand j'étais pierre, je suis mort et je suis devenu plante.
« Quand j'étais plante, je suis mort et je suis parvenu au rang d'animal.
« Quand j'étais animal, je suis mort et j'ai atteint l'état d'homme.
« Pourquoi aurai-je peur ? Quand ai-je perdu quelque chose en mourant ? »

N'y a-t-il pas aussi l'occasion de réaliser tous nos rêves d'amour universel ? « Je vis avec l'espérance que je pourrai étreindre fraternellement l'humanité entière sinon au cours de cette vie, du moins dans une autre », disait Gandhi.

Cette croyance apaiserait de même la douleur de la séparation d'un être cher. Peut-être nous retrouverons-nous dans d'autres existences ? Peut-être pouvons-nous déjà entrer en communication avec eux dans cet espace de temps où, âmes errantes, ils attendent de se réincarner ? N'en a-t-on pas de nombreux témoignages contemporains dans les récits de ces personnes qui ont connu un coma passager et sont revenues du voyage aux portes de la mort ?

Faut-il attribuer à son caractère rassurant la diffusion de cette croyance en Occident aujourd'hui ? 22% des Français, 23% des Américains, 23,9% des Canadiens en sont en effet partisans. Et si l'on ajoute aux occidentaux les fidèles des religions orientales, la moitié de ceux qui croient à une vie après la mort adhèrent à la réincarnation.

Un schéma commun sous des conceptions assez différentes. — Cette croyance commune recouvre en fait des conceptions fort différentes. Il y a, en effet, divers modèles de la réincarnation, comme des types théoriques idéaux marqués par un ensemble commun de traits distinctifs. Les modèles bouddhiste, hindouiste, et les modèles grecs anciens se fondent sur des schémas philosophiques. Les modèles occidentaux introduits à la fin du siècle dernier par la Société théosophique et les cercles spirites et occultistes où entrent des réflexions d'Orient et d'Occident, font davantage appel à des preuves tirées de l'expérience.

Un schéma commun se dégage toutefois de cet ensemble composite. L'idée essentielle est qu'après la mort de l'élément physique de l'homme, son élément matériel, l'élément spirituel perdure et s'unit par la suite à un autre corps physique. Suivant les Ecoles, l'espace entre chaque incarnation est évalué à quelques semaines ou à des milliers d'années. Le cycle porte sur quelques réincarnations ou sur des milliers.

En tout état de cause cette ronde s'achèvera seulement lorsque le processus de libération aura été totalement accompli. Et la qualité de notre incarnation aujourd'hui est en dépendance directe de la valeur morale de nos existences antérieures. C'est cette loi du *karma* qui fait de l'homme l'artisan de son propre salut; car il conserve une certaine identité spirituelle, très variable suivant les conceptions, d'une existence à l'autre.

En perspective occidentale la re-naissance est souvent vécue comme une chance. En perspective orientale, c'est d'abord un fardeau dont il faut se libérer au plus vite.

Bref aperçu historique

Cette croyance est fort ancienne et s'est maintenue tout au long des siècles. Donnons quelques points de repères pour illustrer son développement dans la tradition occidentale qui nous est propre. Son expression en Orient fera l'objet d'un développement ultérieur.

De l'Antiquité au Moyen Age. — Qu'en est-il d'abord chez les Egyptiens? Plusieurs ésotéristes, de Papus (1865-1916) à l'Ancien et Mystique Ordre de la Rose-Croix (AMORC) enseignent que les Egytiens croyaient à un cycle de réincarnation pour l'âme des défunts. Ils se fondent surtout sur la conviction courante en ces milieux d'être dépositaires d'un enseignement secret remontant aux pharaons et aux initiés des Ecoles du temps. De fait un écrit Copte, la *Pistis Sophia,* évoque bien la transmigration, mais c'est un écrit tardif (IIIe-IVe siècles) qui reflète des spéculations surtout helléniques postérieures à l'ancienne Egypte des pharaons. Car celle-ci n'y a jamais cru, comme il apparaît dans les textes, les gravures et les vestiges funéraires de l'époque. L'embaumement, la nécropole royale, les rituels visaient à assurer la survie du roi. La momie était en effet censée mener dans la tombe, mais sur un mode mineur, la vie que le défunt avait vécue antérieurement sur la terre. Et les liturgies magiques des funérailles, tout comme les indications contenues dans les *Livres des morts,* visaient à lui rendre une certaine vie, sur laquelle on n'avait d'ailleurs d'idées qu'assez vagues. Comme le pharaon représentait tout son peuple, la reviviscence du souverain s'étendait alors à tous les Egyptiens. Mais on ne peut semble-t-il en propriété de terme parler de réincarnation.

Il faut toutefois relever le témoignage contraire d'Hérodote : « Les Egyptiens furent les premiers à dire que l'âme de l'homme est immortelle. Sans cesse d'un vivant qui meurt, elle passe à un autre qui naît. Quand elle a parcouru tout le monde terrestre, aquatique et aérien, elle revient alors s'introduire dans un corps humain. Ce voyage circulaire dure trois mille ans » (*Histoires*, II, 123). De même les premières lignes d'un des *Livres des morts égyptiens* : « Nous mourrons plus d'une fois, mais à cause du principe divin, nous changeons de forme. Je suis ton âme divine et ceci est le Livre de ta vie. Il referme des pages pleines de tes existences passées, et des pages blanches de tes existences futures. »

Dans *la Grèce antique,* cette idée commence à se faire jour. Nous reviendrons plus longuement sur le modèle grec de la transmigration, mais relevons déjà quelques textes significatifs. Platon (427?-347? av. J.-C.) rapporte d'abord en ces termes la pensée de Socrate (469?-399? av. J.-C.) : « L'âme de l'homme est immortelle, et tantôt elle sort de la vie, ce qu'on appelle mourir, tantôt elle y rentre de nouveau, mais elle n'est jamais détruite » (*Ménon,* 83). Et encore, dans le *Phédon* : « Je suis persuadé que nous pouvons véritablement renaître et que les êtres vivants sont issus des morts. » Notons aussi qu'il voit dans les renaissances l'occasion pour l'homme d'un perfectionnement qui lui permet d'accéder aux plus hautes sphères de la félicité. Il fait l'hypothèse de cycles de réincarnations périodiques de dix mille ans. Les âmes choisissent elles-mêmes leur vie future : « Ames éphémères, vous allez commencer une nouvelle carrière et renaître à la condition mortelle. Ce n'est pas un génie qui vous tirera au sort. C'est vous qui allez choisir votre génie » (*République*, X, 614). Aristote (384-322 av. J.-C.) par contre, après avoir d'abord accepté l'idée de la réincarnation, l'a rejetée, dans ses œuvres ultérieures.

Chez les Latins, Cicéron (106-43 av. J.-C.) écrit dans l'*Hortensius* : « Nous sommes nés dans un corps pour réparer les erreurs commises dans une vie précédente », et Virgile dans l'*Ennéide* : « Lorsque le temps a enfin achevé d'effacer toutes les souillures de ces âmes et qu'elles ont retrouvé la pureté de leur céleste origine et la simplicité de leur essence, un dieu, au bout de mille ans, les conduit sur les bords du fleuve Léthé afin de les rappeler à la vie et de les unir suivant leurs désirs à de nouveaux corps. »

Passons au *monde celte.* Le discours ésotérique courant attribut aux druides de la lignée celtique une croyance générale à la métempsycose. Il se réfère pour cela aux textes connus de Jules César (101-44 av. J.-C.) dans la *Guerre des Gaules* (en 52), chapitre VI, § 14 : « Ce dont les druides cherchaient surtout à persuader, c'est que les âmes ne périssent pas, mais passent après la mort d'un corps à un autre. Cela leur semble particulièrement propre à exciter le courage en supprimant la peur de la mort. » Mais la quasi-unanimité des spécialistes du celtisme est beaucoup plus nuancée. La tradition celte, qui croit à l'immortalité de l'âme, rapporte bien certain cas de métempsycose, mais limités soit à une punition exceptionnelle pour expier une faute particulière, soit à l'histoire légendaire d'un être mythique au destin spécifique.

Cette tradition particulière se maintiendra toutefois puisque l'on a ce beau texte de Taliésin (VIe siècle apr. J.-C.) :

« J'ai été dans maintes formes avant d'en atteindre une agréable...

« Il n'existe rien en quoi je n'ai été...

« J'ai porté une bannière devant Alexandre...
« Je fus en Asie avec Noé sur l'Arche...
« Je suis allé en Inde lorsque Rome fut bâtie...
« Et pour finir me voici Talièsin. »

Dans ce rapide historique il nous faut faire une place spéciale à un courant de pensée dont l'influence a couvert toute l'ère chrétienne des origines jusqu'à nos jours : *la gnose.* Nous étudierons plus loin le schéma gnostique de la réincarnation. Rappelons simplement ici que le gnosticisme est une attitude existentielle caractéristique qui s'exprime dans un type particulier de religiosité déjà antérieure au Christianisme. Elle réapparaît régulièrement sur les bords du Bassin méditerranéen et en Europe, aux périodes de grandes crises sociale, politique et du sens. Le gnosticisme chrétien quant à lui est apparu très tôt dans le Christianisme primitif. Né au confluent de sources juives, chrétiennes, grecques et orientales, il intégra comme naturellement la conception hellénistique de la métempsycose. Il met même, dans la *Pistis Sophia* (ou *Livre secret de Jean*) déjà citée la notion de réincarnation dans la bouche de Jésus : quand celui-ci affirme que Jean-Baptiste était le prophète Elie réincarné, argument souvent repris par les réincarnationistes chrétiens postérieurs. Le gnostique Basilide au IIe siècle, interprète en ces termes le texte de l'apôtre Paul : « Je vivais autrefois sans la Loi » (Rm 7,9) : « Avant de venir dans ce corps, je vivais dans une espèce de corps qui n'est pas sous la loi : un corps de bétail ou d'oiseau. » Il expliquait le mal et la souffrance par les péchés commis dans les vies précédentes.

Dix siècles plus tard, entre le XIIIe et le XVIe siècle, *la Kabbale,* courant mystique juif en lien avec la gnose et le manichéisme, reprend à l'occasion l'idée de réincarnation à l'usage des âmes qui n'ayant pas accès au paradis et ne méritant pas l'enfer, se voient accorder une nouvelle chance en revenant sur terre. Avec Isaac de Louria dans les années 1500, un siècle après l'expulsion des juifs d'Espagne, douloureuse reprise de l'Exil, la Kabbale perçoit dans la transmigration des âmes une Loi universelle expliquant le problème de la souffrance et du mal. Qui obéit aux commandements de la Torah acquiert la possibilité d'une nouvelle chance dans une existence à venir.

Au temps des *cathares* et des *albigeois*, les groupes réincarnationistes furent légion. Les troubadours maintiennent la tradition. Dans les épopées du Graal, une légende prophétise du roi Arthur : « Il reviendra encore deux fois plus beau pour gouverner son peuple. » On s'interroge sur la pensée exacte de Dante (1265-1321) et des *Fideli d'Amore,* mais ils flirtèrent certainement avec ces thèses.

De la Renaissance au XIXe siècle ; progrès de l'homme et progrès de l'humanité. — La Renaissance sera marquée par la redécouverte de la pensée grecque, et donc parfois par l'idée de la transmigration des âmes, immortelles par nature. Mais la doctrine de l'Eglise, soutenue par la vigilance de l'Inquisition, ne laisse guère de champ libre à ces idées hérétiques. Le dominicain, poète et philosophe italien Giordano Bruno (1548-1600) en fit l'expérience. Il fut condamné au bûcher par l'Inquisition précisément pour son enseignement sur ce point : « L'âme ne se limite pas à l'existence sur la terre. Elle a devant elle les mondes infinis pour sa demeure. » Et : « L'âme n'est pas le corps. Elle peut habiter un corps ou un autre, et transmigrer d'un corps à un autre. » De même son confrère Campanella (1568-1639). Le philosophe anglais Henry More (1614-1687) continua cependant à l'enseigner.

En réaction le *siècle des Lumières* refusa la censure imposée par l'Eglise à cette croyance. Voltaire (1694-

1778) déclare : « L'idée de la métempsycose est peut-être le plus ancien dogme connu. Il n'est pas plus surprenant de naître deux fois qu'une. Tout est résurrection dans la nature. » Et Lamartine : « Avons-nous vécu deux fois ou mille fois ? Notre mémoire n'est-elle qu'une image ternie que le souffle de Dieu ravive ? »

Dans la même ligne Victor Hugo (1802-1885) écrira de manière imagée : « Quand je me coucherai dans la tombe, je ne dirai pas comme tant d'autres : j'ai fini ma journée. Non, car ma journée recommencera le lendemain matin. La tombe n'est pas une impasse, c'est une avenue : elle se ferme sur le crépuscule, elle se rouvre sur l'aurore. » Et encore : « On change de vêtement dans la tombe, le sépulcre est le vestiaire du ciel. » — C'est l'enseignement de la Bhagavad-Gîtâ dans l'Hindouisme. — Marqué par la mort de son fils Léopold et alors que sa femme est enceinte de sa fille Léopoldine, il écrit à son père (9 janvier 1824) : « Tout porte à croire que Léopold est revenu. » Il reprend dans *Le revenant* le thème classique de la renaissance dans la même famille des enfants morts en bas âge :

« Elle entendit, avec une voix bien connue,
« Le nouveau-né parler dans l'ombre entre ses bras,
« Et tout bas murmurer : "C'est moi, ne le dis pas". »

Mais c'est avec G. E. Lessing (1729-1781) que l'hypothèse des existences multiples a trouvé son vecteur le plus puissant : la notion de Progrès. Déjà C. Leibniz (1646-1716) voyait dans la capacité de progresser, la loi fondamentale de tous les êtres. De même aux yeux de Lessing, le ressort de la métempsycose n'est pas l'idée grecque d'une nécessaire purification de l'âme en vue de la libération du corps, mais le mouvement puissant inscrit dans la nature de l'humanité qui la fait progresser vers la perfection. En Franc-Maçon convaincu de faire partie de l'élite qui a mission d'œuvrer pour le mieux-être de l'humanité, Lessing dans *L'éducation du genre humain* (1780) montre comment le progrès du genre humain est lié à une transmigration ascendante. L'homme, naturellement rêveur, a besoin d'un maître qui lui révèle le chemin du progrès par le développement de ses propres capacités. Le Dieu biblique est ce pédagogue qui conduit l'humanité de la religion primitive et naïve où l'homme est guidé par la seule perspective de récompense et punition, à l'âge de raison avec la croyance en l'immortalité de l'âme et le désir de la liberté. Mais pour accomplir ce long parcours, l'espace d'une seule existence n'est pas suffisant. Convaincu comme le moine Joachim de Flore six siècles plus tôt que l'histoire de l'humanité correspond aux règnes du Père et du Fils auxquels doit succéder celui du Saint-Esprit, il annonce l'âge nouveau de l'Evangile éternel, de la perfection, vers lequel tend la succession croissante des renaissances individuelles.

La pensée de Lessing va influencer certains penseurs porteurs de l'*utopie socialiste* comme Saint Simon (1760-1825) ou Fourier (1772-1837) autour de la notion de progrès de l'humanité sous la motion d'un mouvement de perfectibilité croissante. Dans cette perspective, il ne peut y avoir de métempsycose animale puisque ce serait une transmigration régressive. La véritable renaissance, pour Pierre Leroux (1792-1871), comme il l'exprime dans son livre de tonalité très lessingienne *De l'Humanité* (1840), est celle de l'homme dans l'humanité : un renouvellement de l'homme par l'homme. Et Jean Reynaud (1806-1863) compare les âmes évoluant de vie en vie à des élèves qui font leurs classes à l'école, progressant peu à peu jusqu'à l'état parfait. Il n'est donc pas nécessaire comme le fait la théologie, explique-t-il, de répartir les humains en trois régions différenciées par leur état personnel de perfection — la terre, le ciel et l'enfer —, puisque l'homme par la dynamique de la transmigration est indéfiniment perfectible. De même Hyppolite L. D. Rivail, dit Allan Kardec (1804-1869), père du spiritisme, fonde la notion d'un déroulement de la vie de l'homme au long d'existences successives (à laquelle il donnera le nom désormais reçu de « réincarnation ») sur la loi plus générale de l'amélioration croissante de l'individu et de l'humanité : la loi de Progrès. Dans cette perspective là encore, un homme ne peut jamais rétrograder en se réincarnant dans une plante ou un animal.

Une position divergente : Schopenhauer. — Dans cet ensemble assez cohérent, il faut toutefois faire une place à la position originale d'Arthur Schopenhauer (1788-1860). C'est une conception assez proche du Bouddhisme. Il voit dans la réincarnation comme une *palingenèse,* une renaissance incessante de la vie (les personnes avec qui nous sommes présentement en relation renaîtront en même temps que nous) sous la motion du vouloir-vivre, de la volonté et non de l'âme ou de l'intellect. Un vouloir-vivre qui se perpétue dans le vouloir-vivre de l'humanité. Nous sommes tourmentés en effet par la peur de mourir et c'est pourquoi nous nous accrochons à la représentation que nous nous faisons de la réalité. Mais celle-ci n'est qu'illusion. La véritable sagesse est de se libérer de cette illusion dans une attitude de résignation et d'abandon. On le voit, cette position proche des conceptions orientales de la réincarnation, diverge tout à fait de l'interprétation optimiste et évolutionniste de Lessing et de ses successeurs.

Une croyance largement répandue bien que minoritaire. — L'adhésion à la réincarnation s'exprime sous la plume de bien d'autres auteurs occidentaux. Voici l'écrivain allemand Goethe (1749-1832) : « J'ai la certitude d'être venu ici, tel que je suis maintenant, des milliers de fois. Et j'espère revenir encore des milliers de fois. » Voici le philosophe américain Emerson (1803-1882) : « Rien ne meurt. Les hommes feignent d'être morts, ils subissent des simulacres de funérailles. Et les voici regardant par la fenêtre, en parfaite santé, dans un nouvel et étrange déguisement. » Voici le romancier russe Tolstoï (1828-1910) : « Tout comme nous vivons des milliers de rêves en notre vie présente, de même celle-ci n'en est qu'une parmi des milliers où nous venons séjourner après avoir quitté une autre vie, celle-là plus réelle, et où nous retournerons après notre mort : la vie divine. » Voici enfin l'épitaphe que Benjamin Franklin (1706-1790) composa lui-même à l'âge de vingt-deux ans pour être gravée sur sa tombe :

« Ci-gît le corps de Benjamin Franklin imprimeur,
« Semblable à la couverture d'un vieux livre aux pages arrachées
« Abandonnée aux vers
« Avec son titre et sa dorure effacée.
« L'œuvre ne se perdra pas
« Car comme il le croyait
« Elle reparaîtra encore une fois
« Dans une édition nouvelle et plus élégante
« Revue et corrigée par l'auteur. »

Croyance ancienne donc, largement répandue, mais qui ne fut cependant jamais majoritaire dans l'Occident marqué par le fait chrétien, ni objet d'enseignement suivi, à la différence de l'Orient.

Un parcours ouvert. — Pour entrer validement dans la compréhension de ce concept fluide, nous progresserons en quatre étapes, en répondant à quatre questions :

A) *Pourquoi l'inégalité des destinées durant cette vie ?* — Nous y ferons connaissance avec les modèles hindouistes et bouddhistes de la transmigration. Nous rencontrerons le modèle grec. Nous approfondirons le modèle occidental, ésotérique et gnostique, dans la version popularisée par la Société théosophique, et dans sa formulation actuelle avec le New Age. Ces schémas sont surtout de type philosophique.

B) *Existe-t-il des preuves scientifiques des renaissances ?* — A cette étape nous rencontrerons surtout les modèles occidentaux et leur souci de collecte scientifique des faits et de validation rigoureuse : existe-t-il une mémoire physique et physiologique des existences antérieures ? Une communication est-elle possible avec les esprits en attente de réincarnation ? Peut-on procéder à une exploration des vies passées ?

C) *Dans quelle vision générale du monde et de l'homme se situe ce schéma ?* — On perçoit vite en effet qu'en arrière-plan se profilent une cosmologie, une anthropologie et une théologie bien spécifiques que nous aurons à identifier.

D) *La croyance à la réincarnation est-elle compatible avec la croyance à la résurrection ?* — On ne peut éviter la question car elle est posée à la fois par les réincarnationistes pour qui Jésus le premier enseignait la transmigration, et par des croyants à la résurrection pour lesquels ces deux adhésions sont incompatibles.

Chapitre II

POURQUOI L'INÉGALITÉ DES DESTINÉES DURANT CETTE VIE ? LES MODÈLES PHILOSOPHIQUES SOUS-JACENTS

Echapper aux réincarnations, objectif premier de l'existence : l'Hindouisme

La genèse de la pensée de l'Inde sur la transmigration ; le Karman et ses effets. — Les tenants occidentaux de la réincarnation appuient parfois leurs thèses sur l'Hindouisme et le Bouddhisme et en particulier sur leur notion de karma. Or une étude approfondie de ces traditions et notions fait apparaître qu'elle diverge souvent de celle de l'ésotérisme occidental. Aussi importe-t-il d'être bien au clair sur la pensée authentique de l'Inde en ce qui concerne la transmigration. On découvrira alors que la tradition indienne n'a pas toujours lié la notion de karman, poids des actes posés dans une vie, à l'idée de renaissances successives au long de l'existence.

Les textes les plus anciens des Védas, qui remontent aux années 1300-1500 avant notre ère, ne se réfèrent pas à la transmigration. Quand il est question de karman, il s'agit simplement des « actions » : les actes héroïques des divinités, les actions des hommes ou les gestes rituels posés par les brahmanes, qui sont nécessairement suivis de leur résultat, s'ils ont été réalisés de manière clairement affirmée, soit dans la vie actuelle soit dans l'autre monde. Des rites bien effectués produisent ici-bas bonne récolte ou nombreuse descendance ; des actes sacrilèges ou des crimes feront chuter dans les ténèbres de l'au-delà. Mais sans qu'il soit question d'une nouvelle naissance.

La réflexion théologique va progresser toutefois chez les sages de l'Inde. Et les Upanishads, une des collections de textes du Véda datant des VIIIe et VIIe siècles avant notre ère, commencent à proposer la doctrine qui deviendra spécifique de l'expérience religieuse de l'Inde : on devient l'acte (karman) qu'on pose, l'homme devient bon par ses actions bonnes, mauvais par ses actions mauvaises, dans la ligne même de ses désirs. Qui s'attache à un but sera conduit inexorablement de par l'acte (le karman) qu'il aura posé, à l'objectif auquel il s'est attaché. Et quand il est arrivé au terme de son acte, il doit inéluctablement revenir à ce monde-ci pour continuer à agir, à poser son acte (son karman). A moins qu'il se soit libéré de tout désir, ne désirant plus que le Soi (âtman) sans s'évader vers d'autres objets. N'étant plus que Brahman, il entre en effet en Brahman. On voit poindre en germe l'une des lignes maîtresses de l'enseignement du Bouddha.

Le rite et ses résultats. — Ces deux idées de nécessaire retour ici-bas pour continuer à accomplir des rites (karman) et de libération définitive des renaissances si l'on se libère de son désir, sont nées du long travail d'approfondissement par les brahmines de la notion de rite, et de l'étude de son fonctionnement. Les rites extérieurs (offrandes, mantras, mudras, mandalas), même producteurs de résultats efficaces quand ils sont célébrés avec exactitude, n'ont d'effet que partiel, insuffisants pour produire le salut une fois les résultats immédiats épuisés. On est alors acculé à les répéter sans cesse, et pour ce faire à renaître par de nouvelles naissances : pour recommencer de nouveaux rites. A moins que l'on ne transforme toute sa vie en un sacrifice intérieur total, sacrifice de tous ses désirs, pour échapper à la chaîne des transmigrations.

Celui qui ne désire que des biens éphémères — argent, descendance, considération — et pose les actes nécessaires pour les acquérir, les obtiendra peut-être durant cette vie ou dans une autre. Mais une fois qu'il aura consommé ces biens périssables, il sera acculé à reprendre à nouveau le cycle infernal désir-acte-résultat, comme la chenille arrivée au bout de la feuille dont elle se nourrit, doit se contracter à nouveau pour passer à la feuille suivante. Indéfiniment. Ou tout au moins jusqu'au jour où il ne désirera plus que l'Atman immortel, étincelle en lui de l'Absolu de Brahman. Alors il prendra conscience de la superficialité éphémère des désirs qui l'habitaient jusque-là, et il pourra faire le départ entre les désirs aliénants et le Désir libérateur.

Qu'est-ce qui transmigre ? — Qu'est-ce qui passe alors d'une existence à l'autre ? L'expérience cumulée durant le laps de temps d'un passage sur terre, et les effets engendrés par les rites, sous forme de traces qui déterminent le profil de l'existence suivante : les traces d'actions bonnes seront réactivées sous forme d'existences heureuses, les traces d'actions mauvaises sous forme d'existences inférieures, voire dans des animaux.

Qu'est-ce donc que le karman dans cette perspective ? Une puissance, une force qui ne se comprend que par métaphore : le fleuve toujours le même et toujours différent, le riz qui mûrit progressivement après le repiquage. Pour le faire comprendre, les réincarnationistes occidentaux parlent de la « loi du karma », mais il faut bien voir qu'il ne s'agit pas d'une loi de type scientifique, mais du simple constat que l'action produit inévitablement ses fruits, situation de fait, de soi inexplicable.

Agir sans attachement. — Avec la Baghavad-Gîtâ, bref livret de quelques chapitres au cœur de la longue épopée du Mahâbhârata composé entre le Ier et le IIe siècle avant notre ère, la doctrine des renaissances se répand plus largement. Elle apporte toutefois une précision nouvelle : ce n'est pas l'action elle-même qui oblige à renaître, mais l'attachement aux actes posés. Il faut donc là encore agir sans désirs. Et la grâce du Suprême pourra aider le dévot à se libérer de l'obscurité et des renaissances. L'aide d'un maître spirituel sur ce chemin sera par ailleurs précieuse pour accélérer la libération transformante.

La transmigration a donc aux yeux du sage éclairé qui a déjà renoncé au monde, quelque chose de négatif. Pour l'homme de la rue qui est encore attaché aux valeurs terrestres, la perspective d'une existence future apparaît par contre comme un moyen d'améliorer ses conditions de vie et soutient son espérance en un monde meilleur. Ici encore apparaît la différence entre la pensée populaire en Inde aujourd'hui, et l'enseignement des Upanishads. Elle voit moins en effet dans le cycle des vies successives le moteur d'une libération que la possibilité de renaître dans une existence plus agréable, même si ce cycle apparaît toujours comme une fatalité inéluctable.

La transmigration a aussi fonction pour l'homme de la rue d'expliquer la souffrance et de comprendre l'inexplicable, l'injustice des coups du sort. Elle représente un bon auxiliaire éducatif pour faire de la morale, en menaçant de renaissances redoutables celui qui agit mal. Elle joue alors le rôle qu'ont tenu longtemps dans le Christianisme populaire en Occident, la peur des châtiments de l'enfer ou la perspective du purgatoire comme lieu de purification des fautes.

Ayant parcouru les différentes étapes de la doctrine de la transmigration au long de l'histoire de la pensée indienne, nous pouvons maintenant la résumer dans les termes où elle est couramment présentée et reçue aujourd'hui en Occident. En notant que cette présentation en modifie profondément le propos puisque, nous l'avons dit, ce qui est considéré en Inde comme une punition ou au mieux comme une solution de rattrapage, apparaît en nos pays comme une nouvelle chance pour une existence meilleure.

La présentation courante aujourd'hui du modèle hindouiste de la réincarnation. — L'essence de l'Hindouisme résiderait dans cette conviction : « Il y a des réincarnations et il faut y échapper. » Chaque action produisant son fruit bon ou mauvais, la ronde des naissances, des morts et des réincarnations ne cessera que lorsque sera brisée cette chaîne des effets et des causes. La vie dans l'espace et le temps est sans commencement, et, à moins que l'on ait trouvé la voie de libération, sans fin. Cette sorte de vie éternelle devient un fardeau accablant dans sa répétition.

Car le monde n'a pas été créé une fois pour toutes et n'a pas non plus de fin. A l'issue de chaque cycle il se dissout dans un état informel, puis se recrée. Ce sont les « jours et nuits de Brahman ». Et l'homme doit sans cesse s'embarquer pour le voyage, le *samsara,* et passer d'un corps à un autre, accumulant à chaque existence toujours davantage de karma, bon ou mauvais, et transportant ce fardeau dans une autre existence. Jusqu'à la bienheureuse délivrance : quand l'âme découvre la vérité. C'est alors l'illumination, le *samadhi*, la béatitude. Quand nous sommes délivrés de l'illusion, la *maya,* qui nous fait croire à la réalité du monde et des choses, alors qu'il n'y a en fait qu'une seule réalité : celle de « Dieu », de Brahman. Car « Atman est Brahman ». Quand j'en prendrai conscience, ce sera la libération.

Des voies s'offrent pour se libérer de cette illusion et de l'obligation de se réincarner : celle du yoga en particulier. « Alors il goûtera la paix et la joie intérieure, celui dont le bonheur, la joie, la lumière aussi résident en lui-même, ce Yogi identifié au Brahman, accède à l'apaisement en Brahman. » (Gîtâ 5, 24). Mais pour y atteindre, je dois suivre une règle de vie : accomplir mon propre Dharma, la Loi, réaliser sans récriminer la destinée qui m'est impartie par la roue de l'existence, brahmine ou paria intouchable, pauvre ou riche. Alors je pourrai mettre bas mon fardeau. Bien faire son devoir d'état, chacun suivant sa condition, tel est l'enseignement de Krishna dans la Gîtâ : « Sans attachement, accomplis pleinement et avec constance ton devoir d'état, car c'est en accomplissant son action sans s'y attacher que l'homme atteint réellement le Suprême. »

Pour arrêter la roue des réincarnations, éteindre la « soif » du désir : le Bouddhisme

On connaît l'histoire légendaire du Bouddha, qui se passe toujours en Inde, dans la vallée du Gange. Un prince hindou, Gautama Sakyamuni (525-480 av. J.-C.), décide de tout quitter pour trouver une solution au scandale de l'universelle souffrance. Il en a fait la rencontre un jour qu'il sortait du palais luxueux où il vivait protégé des laideurs du monde. Car il croise successivement la pauvreté, la maladie et la mort, sous les traits d'un mendiant, d'un lépreux et d'un cortège funèbre. Il cherche alors du côté des ascètes de l'Inde et de leurs macérations, puis du côté des brahmanes et de leurs rites. Mais sans trouver de réponse. Il s'assoit finalement au pied d'un figuier banyan et décide de ne le quitter que lorsqu'il aura compris le sens de la vie et de la mort, de la souffrance et de la douleur. Au bout de sept semaines, il reçoit l'illumination. Il prend le nom de « Bouddha » : l' « Illuminé ».

Le Bouddhisme est donc né dans le contexte du Nord de l'Inde où l'existence des transmigrations comme fruit de l'action est communément enseignée. Celles-ci s'accompliraient suivant une palette variée de destinées : dans le monde des hommes ou celui des dieux, dans le monde des animaux, des enfers ou celui des esprits voraces, suivant la nature des actes passés et l'attachement que l'individu leur porte. Notons d'ailleurs que pour certaines écoles bouddhiques, la renaissance comme homme n'est pas chose facile. L'actuel et XIVe Dalaï Lama enseigne par exemple : « Bouddha a dit que c'était aussi rare que pour une tortue borgne et solitaire qui nage sous la surface des mers, de remonter tous les cent ans en passant la tête par l'orifice d'un joug de bœuf flottant isolé sur le vaste océan. »

Le Bouddha va mettre à jour à nouveau ces mécanismes dans la ligne de l'enseignement classique : notre agir, soutenu par les énergies de notre mental, produit des actes qui engendrent immédiatement et dès la mort une nouvelle existence. Mais il enseigne surtout comment échapper à la roue infernale de la réincarnation.

Echapper au cycle des renaissances. — Il s'agit d'abord de se libérer de l'illusoire conscience d'exister née de la succession des phénomènes et constructions mentales que la pensée se fabrique en permanence. A la différence de l'Hindouisme qui attribue la succession des corps dans la transmigration à l'existence d'un sujet subsistant, d'un Soi sous-jacent à l'expérience, le Bouddha ne voit là que construction factice de l'imagination. L'homme n'est qu'un ensemble d'éléments matériels et mentaux toujours passagers. Seule survit l'impulsion qui se communique d'existence en existence et donne la fausse impression d'une continuité. C'est ce dynamisme puissant du vouloir vivre qui continue d'agir après la mort du corps et va se manifester sous une autre forme dans une autre existence. Rien de préexistant ne passe d'une vie à la suivante sinon le karman et le désir, la soif d'exister et de continuer.

Le Bouddha va surtout mettre à jour le mécanisme qui enclenche les renaissances. Il l'enseigne dans les « Quatre Nobles Vérités » du Sermon de Bénarès : « Voici, ô moines, la vérité cachée sur la douleur : la naissance est douleur, la maladie est douleur, la mort est douleur, l'union avec ceux qu'on déteste est douleur, la séparation d'avec ceux qu'on aime est douleur, l'impuissance à obtenir ce que l'on désire est douleur. Voici encore ô moines, la vérité cachée sur l'origine de la douleur : c'est la "soif" qui conduit de naissance en naissance. »

Comment alors supprimer cette douleur qui naît inexorablement du manque et de la déception ? En supprimant la soif, le désir insatiable qui pousse à vouloir renaître pour goûter encore ces voluptés trompeuses. Ce désir, lié au plaisir, tient surtout à l'ignorance du mécanisme que précisément Bouddha a découvert et révélé à ses disciples. A savoir qu'elle engendre les « trois racines du mal » : convoitise, haine et erreur, et que de ces racines naissent les actes, le karman, qui produisent eux-mêmes inexorablement des fruits. Nous retrouvons l'Hindouisme classique. Quand ils sont mûrs ils vont retomber un jour sur leur auteur, sous la forme de la récompense ou du châtiment correspondant. Mais une telle maturation est longue. Elle dépasse souvent la durée d'une existence humaine, d'où l'obligation de se réincarner pour recevoir le salaire de ses actes.

Au terme ce sera enfin le *nirvana* qui est « extinction » de cette soif. C'est la béatitude du saint bouddhique qui a atteint l'Illumination et vit dans une sérénité imperturbable, à l'abri de toute crainte, à l'abri de toute transmigration, car il agit avec un détachement tel qu'il ne peut plus produire des fruits l'obligeant à se réincarner à nouveau. Et la voie de la délivrance est celle qu'enseigne Sakyamuni : « Visée juste, intention juste, paroles justes, actions justes, mode de vie juste, efforts justes, vigilance ardente et juste, juste samadhi. » En bref : une conduite morale droite où l'on s'abstient de toute action mauvaise ; un effort de concentration pour vaincre l'ignorance, supprimer les passions, apaiser l'esprit, qui conduit au terme à la sérénité parfaite.

Pour le Bouddhisme, la transmigration n'est donc pas une voie positive d'évolution personnelle. Et il n'y a pas place pour des états intermédiaires, du moins en théorie. Certaines branches du Bouddhisme réintroduisent en effet cette conception à partir de l'Hindouisme et de représentations populaires de l'époque, voire à partir de concepts chamaniques anciens sur les voyages de l'au-delà, comme on le voit dans le « Livre des Morts » tibétain. Le titre exact de cet ouvrage rédigé vers le XIVe siècle apr. J.-C. est : *Libération de l'état intermédiaire par l'écoute, libération des illusions du mental et de l'ego*. C'est un récit écrit pour apaiser le mourant et l'aider à se libérer des futures renaissances.

Le Bardo Thôdol tibétain ou : l'instant de la mort comme ultime chance de libération.

Pour le Bouddhisme tibétain, l'instant de la mort est capital car il représente l'ultime chance offerte à l'homme de se libérer du cycle des renaissances en

« s'éveillant » à la connaissance de sa vraie nature, quand il sait reconnaître la Lumière fondamentale qui est l'essence incréée de l'esprit, la structure même de l'être : « La connaissance du corps de vacuité. »

On se prépare à cet instant durant toute la vie par la méditation, l'étude, les initiations, toutes pratiques visant à faire acquérir la lucidité en découvrant que tout est vacuité et à l'expérimenter par les exercices spirituels. Si l'on n'a pu accéder à une telle expérience de son vivant, l'instant de la mort offrira une ultime chance de connaissance, ouvrant la porte à l'union au divin et à la délivrance de l'obligation de se réincarner ou, à tout le moins, à une renaissance plus agréable.

Réussir sa mort en la métamorphosant en acte de libération devient ainsi l'objet de toute la vie. Un guide est proposé aux fidèles pour accomplir ce voyage mental : le Bardo Thôdol. Le Bardo représente l'état intermédiaire entre la mort et une éventuelle réincarnation. Cette étape peut durer jusqu'à sept fois sept jours, soit quarante-neuf jours. Le texte en est psalmodié par les lamas au chevet du mourant, pour lui prodiguer tous conseils utiles en vue du voyage qu'il va entreprendre et des rencontres qu'il va faire : « Voici venu pour toi le temps de chercher une voie car la Lumière fondamentale va t'apparaître. Voici venu le temps de la reconnaître. » Conseils de vigilance pour rester en état d'éveil spirituel : « Ne crains pas, chasse les distractions. » D'où l'interdiction des pleurs ou lamentations qui pourraient distraire le mourant de ce moment crucial qui réclame une « attention pure ». D'où la position dans laquelle on met le gisant : couché sur le côté comme le Bouddha entrant au nirvâna.

A la première étape du parcours initiatique, c'est la rencontre de la Lumière incréée, une lumière éblouissante qui exprime la structure même de l'être. Qui a médité sa vie durant sur la « connaissance du corps de vacuité » le reconnaît aussitôt et accède immédiatement à la Libération. Cet état intermédiaire dure trois jours et demi.

La deuxième étape ou « pur corps illusoire », représente comme une deuxième chance de reconnaître la Lumière. Elle s'étend sur une durée proportionnelle au poids du karma personnel : vingt-quatre jours et demi en moyenne. Le mort y est assailli d'apparitions terrifiantes. Mais il sait par les enseignements reçus et les multiples représentations dans les temples, que ce ne sont que projections de pensées sans consistance. Le texte psalmodié le lui rappelle instamment à sept reprises. S'il reconnaît alors que ces pensées proviennent de son seul mental, de son seul cerveau, il peut accéder immédiatement à la délivrance.

Si la pulsion de son désir demeure si vive qu'il aspire encore à goûter à nouveau les voluptés illusoires de l'existence en s'incarnant dans un nouveau corps physique, le troisième état intermédiaire — le Sridpa Bardo — comme une ultime chance de libération, pourra durer vingt et un jours. Et s'il n'écoute toujours pas les conseils qui lui sont prodigués, il reprendra la ronde des réincarnations. Jusqu'à ce qu'il ait compris et expérimenté, sur cette terre ou au moment de la mort, que tout est vacuité. Il échappera alors et alors seulement à la roue cosmique des renaissances.

Un apprentissage de la familiarisation avec la mort. — L'enseignement sur le Bardo Thôdol est donné dans les monastères jusqu'à quatre fois par semaine. Il offre donc un contact continu avec le processus de la mort, visant à ce que la notion d'impermanence devienne une expérience concrète et vécue. A cet effet on s'exercera en particulier à reconnaître la nature de l'esprit et de ses projections, belles ou terribles, paisibles ou irritées, à l'image des reproductions des divinités qui peuplent les sanctuaires, statues et « tangkas » (étoffes imprimées). On apprend à reconnaître dès maintenant dans la méditation quotidienne, ces projections mentales. On apprend du coup à les reconnaître telles qu'elles apparaissent immédiatement après la mort, sous des formes encore plus impressionnantes, car la conscience n'est plus limitée par ses attaches à un corps physique. Le Bardo n'est pas seulement l'intervalle planant après notre mort. Il demeure suspendu au-dessus de chaque instant de nos vies dans les expériences d'insécurité et d'incertitude, d'impermanence et de doute. Et à chaque instant de nos vies nous pouvons nous préparer au Bardo. Aussi le Livre s'adresse-t-il autant à ceux qui sont déjà nés qu'à ceux qui vont mourir, car nous sommes tous concernés, de la naissance à la mort. Il nous aide à nous familiariser avec le processus terminal comme avec une chose normale de la vie.

C'est ce que rediront une dernière fois ses amis au mourant, « prononçant distinctement ces mots à son oreille pour qu'il ne laisse vagabonder son esprit un seul instant » :

« O fils noble, ce que l'on appelle la mort est maintenant arrivé. N'éprouve ni désir ni envie pour cette vie. Ne sois ni effrayé ni craintif. Tu possèdes ce que l'on appelle un corps mental fait de tendances inconscientes. Tu n'as pas de corps physique fait de chair et de sang. Quoi qu'il puisse advenir comme bruits, couleurs, rayons de lumière, ils ne peuvent te faire du mal. Tu peux mourir. Il suffit simplement que tu reconnaisses en eux tes projections. Sache y reconnaître l'état du Bardo. »

Dans la tradition d'ailleurs, le mourant n'est jamais totalement seul au moment de sa mort. Il y aura toujours près de lui des aides pour « faire le passage » : les Bodhisattvas, surtout eux qu'il aura invoqués durant sa vie. Une de ces prières traditionnelles est un appel pressant aux Bouddhas et Bodhisattvas pour qu'ils viennent au secours du mourant :

« O Compatissants, cette personne va passer de ce monde à l'autre. Elle entre dans les ténèbres profondes. Elle tombe dans un précipice, elle pénètre dans une épaisse forêt. Elle est poursuivie par le pouvoir du karma. Elle entre dans un grand désert. Elle est balayée par un grand océan, entraînée par le vent du karma. Elle va là où il n'y a pas de terre solide, elle s'embarque pour une grande bataille. Elle va, à cause de son karma, d'existence en existence, sans secours. Le temps est venu pour elle d'aller seule, sans amis.

« O Compatissants soyez un refuge pour cette personne sans refuge.

« O Compatissants exercez largement votre compassion, secourez cette personne, ne la laissez pas dériver, mais envoyez rapidement le pouvoir de votre compassion. »

Note sur un « Livre des morts » des chrétiens. — Il existe en Christianisme un Livre des morts comparable au Bardo Thôdol tout comme au Livre des morts égyptien ou au Livre des morts maya, mais dans la perspective d'une résurrection et non d'une réincarnation. La comparaison est instructive. Cet « Ars Moriendi » ou « Art de bien mourir », traité publié en 1492 par « Antoine Vérard, marchand libraire demeurant à Paris », connut de nombreuses éditions et traductions, témoin d'un succès considérable en Occident. On y entend les exhortations faites au mourant tour à tour par le démon qui essaie de l'entraîner dans le désespoir, et le bon ange qui l'invite à la confiance. Les conceptions de l'Au-delà — description des peines de l'enfer, du purgatoire et des joies du paradis — sont évidemment différentes dans l'Ars Moriendi et dans le Bardo. Mais l'orientation est la même : la reconnaissance de la mort comme une épreuve capitale à réussir.

L'enseignement du Bardo Thôdol a pour but en effet de stopper l'errance sans fin dans les cycles de réincarnation. Le méditant prend l'habitude, au cours de ses méditations, de visualiser un monde fantasmatique d'apparitions divines bienveillantes ou courroucées. Au moment de la mort, il peut alors surmonter ses peurs. De même, l'Ars Moriendi de 1492 a été rédigé comme un livre de lecture pieuse pour aider la méditation du chrétien durant sa vie, comme une préparation à « l'heure de la mort ».

Nombreux sont les mystiques en Christianisme qui enseignent une propédeutique semblable. Saint Ignace de Loyola dans les Exercices spirituels propose des méditations s'appuyant sur des visualisations de la mort, de son propre au-delà, des « fins dernières ». Ces textes comme l' « Art de bien mourir » font partie du patrimoine chrétien occidental autour de l'idée centrale qu'il faut durant sa vie se préparer à la mort : pour apprendre à vivre, car naissance-et-mort constituent l'authentique Vie de l'homme. On voit ici la parenté avec le Bardo.

Bouddhisme originel et Bouddhisme populaire. — De même que le Bardo Thôdol introduit des représentations chamaniques dans l'enseignement originel du Bouddha, de même on note une différence entre l'enseignement du Bouddhisme « pur » pour lequel le saint authentique est celui qui a fait mourir en lui tout désir susceptible de le faire revenir à une existence inférieure, et les croyances d'un Bouddhisme plus populaire où les dernières vies de ce même saint sont positivement aimantées par la perspective du nirvana. Voire par le sacrifice qu'il en fait lorsqu'il prononce le vœu de bodhisattva par lequel il accepte de ne pas y entrer et de demeurer dans le cycle des réincarnations tant qu'il y aura sur terre un être encore incapable de s'en libérer.

> **Le modèle grec :**
> **un processus de purification**
> **et de libération dans une montée progressive**
> **de la matière souillée vers l'absolu divin**

De l'Orphisme au mythe d'Er : une montée des âmes d'existence en existence. — Chez les anciens Grecs on croyait communément à une certaine survie après la mort, mais dans le royaume souterrain et ténébreux régi par Hadès. Or voici que vers le VIe siècle av. J.-C. arrive de l'Orient, de Thrace et peut-être d'Inde, l'idée de la transmigration. On en trouve les premières traces dans l'*Orphisme*. Cette religion de salut, culte à mystère inspiré par le personnage mythique d'Orphée, enseignait que l'âme, prisonnière d'un corps créé par les Titans, était condamnée au cycle perpétuel de la réincarnation en vertu d'une souillure primitive. L'existence corporelle liée au cycle des renaissances et à la roue de la destinée y apparaît comme un châtiment. L'initiation orphique accompagnée d'une certaine ascèse permettait à l'âme d'avoir accès au monde divin et la libérait de la métempsycose.

De même pour *Pythagore* (570?-500? av. J.-C.) l'homme doit se réincarner pour parvenir à une complète purification de son être. Et l'âme immortelle doit mener un mode de vie sain pour éviter en particulier la transmigration dans des corps animaux. C'est donc ici encore le degré de mérite des actes qui détermine le mécanisme des réincarnations et de la libération recherchée. Ce cycle des renaissances représente, comme en Inde, une punition et une fatalité dont l'âme doit se libérer à tout prix pour retrouver sa véritable identité.

Pour *Platon* (427-348 av. J.-C.) dans la même ligne de pensée, les âmes ont le choix de leur existence future (elles sont en nombre défini et immortel) mais suivant le rang que le sort leur fixe pour ce choix. Première naissance : chances égales pour toutes. Toutefois si l'âme vit mal et n'honore pas les dieux, elle sera transformée à la deuxième naissance en femme, au lieu de rejoindre l'astre correspondant à son destin. A la naissance suivante, si elle échoue à nouveau dans l'épreuve, elle devient animal : « Les gloutons et les ivrognes renaîtront sous forme d'ânes, les hommes violents et injustes sous celle de loups et de faucons. Et ceux qui suivent aveuglément les conventions sociales, sous la forme d'abeilles et de fourmis » *(Phèdre)*. Peut-être pourra-t-elle acquérir ainsi la pureté nécessaire à l'entrée dans le séjour des dieux. Chaque vie nouvelle représente ainsi une récompense ou une punition.

Le mythe d'Er en décrit le scénario dans *La République* (X, 614 s.). Ce pamphylien mort au combat reprend conscience douze jours plus tard. Et son âme parvient dans une vaste plaine tapissée d'une magnifique prairie où siègent les juges de l'après-vie. Les âmes venues du ciel y rencontrent celles qui viennent de la terre. Le sort leur attribue le rang suivant lequel elles vont aller choisir la vie à laquelle elles seront liées par la nécessité, toutes sortes de vie d'hommes et d'animaux, et recevoir le génie qui leur servira de gardien durant leur existence. Certaines âmes se laissent guider dans ce choix par les habitudes de leurs existences passées. Mais les plus sages choisissent celles qui leur permettront de se purifier et de se libérer définitivement du cycle des renaissances. Et l'étude de la philosophie peut favoriser un bon choix pour l'âme immortelle.

Un travail de libération. — En bref, dans la pensée grecque avant l'ère chrétienne, l'incarnation de l'âme dans un corps apparaît comme la punition d'une faute antérieure ou d'un choix erroné. Comme une fatalité dont il faut se libérer. Mais aussi comme une chance de libération par la médiation d'une initiation religieuse ou d'un travail philosophique. Ces enseignements sont donnés d'ailleurs spécifiquement dans les cercles d'initiés et les Ecoles de philosophie. Puis ils en viennent peu à peu à représenter la doctrine courante.

Au début de l'ère chrétienne, *Plotin* (205-270) et plusieurs gnostiques se situent dans ces perspectives : « Chaque âme possède quelque chose qui l'incline vers le corps en même temps que quelque chose qui l'élève vers l'intellect. » Et : « C'est une croyance universellement admise que l'âme commet des fautes, qu'elle les expie, qu'elle subit des punitions dans les enfers et qu'elle passe dans de nouveaux corps » (Ennéades, I, 1, 12). De même les Néo-platoniciens, Porphyre et Jamblique enseignent la « palingénésie » (« renaissance »), appelée plus couramment par la suite « métempsycose » (animation de divers corps par une même âme) voire « métemsomatose ». Et alors qu'à l'origine chez les orphiques, les pythagoriciens et Platon, la roue des renaissances pouvait couvrir tout le cycle vivant du végétal à l'animal et à l'humain, avec les Néo-platoniciens, la transmigration est limitée au seul cycle humain, dans cette idée qu'une âme rationnelle ne peut passer dans un corps d'animal irrationnel et *vice versa.*

La réincarnation apparaît ainsi comme un lent et nécessaire processus d'affinement des hommes dans leur montée progressive, évolutive, vers le Divin par une purification des souillures de la matière et du corps.

Une exception toutefois dans ce consensus, on l'a vu : *Aristote* (384-322 av. J.-C.). A ses yeux l'âme ne peut exister séparée du corps, car elle en est la

« forme » : ce qui « informe » la matière et lui donne vie. Elle n'est pas immortelle à la différence du principe divin du *Noûs,* l'intellect présent dans l'âme. Ce refus de la réincarnation n'eut pas cependant un grand écho dans la pensée grecque. Seules les conceptions sémitiques puis chrétiennes d'une relation d'alliance personnelle entre Dieu et l'homme, d'un monde créé bon par Dieu, d'un temps historique et non plus cyclique, introduisent dans la pensée méditerranéenne occidentale une autre approche, nettement divergente, sur la destinée individuelle, et sur l'au-delà de la mort.

La réincarnation à l'occidentale

« On récolte ce que l'on a semé. » — La réincarnation est introduite au début du siècle dans les milieux de l'intelligentsia occidentale par la Société théosophique, les cercles spirites et occultistes. C'est une reconstruction du modèle hindou, insérée dans des syncrétismes souvent étrangers à son esprit et mixée avec des traditions ésotéro-occultistes. D'où un schéma global de l'après-mort qui est reçu comme vérité indiscutée dans la plupart des nouvelles sagesses et religions pour le Nouvel-Age. A savoir : on récolte ce que l'on a semé ; il n'y a ni pardon ni rédemption ; les différentes réincarnations suivent un processus d'ascension constante : on ne retourne pas à des niveaux inférieurs d'existence ; la réincarnation est un moyen de réalisation de soi et de salut dont nous sommes les seuls artisans ; elle se prouve scientifiquement par la parapsychologie et les expériences spirites : car le monde spirituel obéit à des lois précises.

Argument moral central : la réincarnation rétablit la justice. Nombre d'écoles et groupes occidentaux ont popularisé la notion orientale de karma. R. Steiner (1861-1925), père de l'Anthroposophie y voit une clé de compréhension de la destinée humaine : « Le karma est inséparable d'un élargissement d'horizon qui découvre la succession des vies terrestres dans lesquelles chaque esprit humain réalise sa destinée. Jamais le destin d'un individu ne pourra s'expliquer par sa seule vie actuelle. Autant expliquer une graine sans parler ni du fruit qui l'a fait naître, ni de la future plante qui germe en elle. »

Le problème du mal dans le monde trouverait ainsi son explication et sa justification : « Si les maux que nous endurons, écrit S. Maughan, sont les conséquences des péchés commis dans les vies antérieures, nous pouvons les supporter avec résignation et avec l'espoir de moins souffrir lors de notre prochaine vie si nous nous efforçons de mener dès maintenant une vie vertueuse. »

La réincarnation rétablirait la justice. S'il n'y avait pas de réincarnation, Dieu serait injuste dans la manière dont il attribue le bonheur aux uns et le malheur aux autres. S'il n'y avait pas de réincarnation, l'homme serait obligé d'atteindre d'un coup la perfection en une seule vie : est-ce bien possible ? Alors qu'avec la loi du karma tout s'expliquerait : les divers types de renaissances correspondent à une certaine échelle des mérites, suivant le degré de réparation.

Quatre catégories, précisera O. M. Aïvanhov (1900-1986), maître de la Fraternité blanche universelle. La première concerne ceux qui « transgressent les lois, se chargent de lourdes dettes à payer ». Par la suite « ils viennent sur terre dans des conditions qui les obligent à souffrir pour réparer ». La deuxième comprend « des êtres plus évolués qui tâchent de développer certaines qualités et vertus pour se libérer. Mais dans le travail d'une saine incarnation, il ne réussissent pas à tout rétablir. C'est pourquoi ils doivent revenir achever leur tâche ». Dans la troisième se trouvent les gens qui avaient « très peu d'affaires à arranger. Ils ont en cette vie de grandes vertus, une conscience plus large et même beaucoup plus de temps pour faire le bien. Ils ne reviendront plus ». — « Pourtant parmi eux certains, une fois là haut, au lieu de rester dans cet état de félicité, pris de compassion pour les êtres humains, descendent pour les aider. En s'infusant, en habitant chez un être très évolué sans prendre un corps physique séparé » (*Œuvres complètes,* t. XII, p. 174-175). Tel serait Jésus. On reconnaît la conception bouddhique des bodhisattvas.

Ces perspectives ont le mérite d'une grande clarté. On a cependant fait remarquer qu'elles risquent de soulever autant de difficultés qu'elles en résolvent. Même si l'on admet en effet la réincarnation comme réponse explicative à l'injustice des inégalités actuelles par une dette antérieure à effacer, comment expliquer la première existence d'où toutes les autres sont issues, puisqu'il n'y avait pas d'addition à payer ? Il faut alors admettre que le monde est cyclique et la chaîne des existences infinie. Mais ce présupposé n'est pas vérifiable et risque de compliquer les choses, alors qu'on se donnait précisément l'hypothèse de la transmigration pour avoir une explication plus simple et rationnellement plus satisfaisante de la condition humaine.

Le schéma gnostique de la réincarnation. — Il faut donc pousser plus loin cet argument moral qui n'est pas sans valeur, en mettant au clair le modèle doctrinal qui lui sert de base dogmatique : le schéma gnostique, d'inspiration platonicienne. Celui-ci, qui est porteur d'une cosmologie et d'une anthropologie spécifiques, concerne la majorité des mouvements de la nouvelle religiosité : la Théosophie, l'Anthroposophie, les différentes Rose-Croix, la Fraternité blanche universelle, le Graal, la Spiritualité vivante, l'Ordre martiniste traditionnel, la Scientologie, Atlantis, la Nouvelle Acropole, le Penser nouveau, les groupes spirites, les groupes de science cosmique (sauf le mouvement Raëlien) et quelques groupes de moindre importance.

La gnose a d'abord sa cosmologie propre. Dieu y est impersonnel, il est Energie, il constitue le tissu même de l'univers. Cet univers se déroule imperturbablement selon les lois cosmiques universelles : la loi de la réincarnation est l'une d'entre elles. Dieu est présent comme énergie cosmique au cœur de tout être, d'une présence proportionnée à son degré d'émanation.

La matière elle-même est d'essence divine, comme une condensation de l'esprit ou son envers. Tout l'univers est un même être, une substance unique à base d'énergie, un organisme vivant. La matière est douée de pensée, de conscience. Et les multiples formes de conscience que l'on rencontre dans l'univers — animale, humaine, végétale et minérale — sont l'émanation d'une unique conscience divine. Aussi la transmigration des âmes peut-elle jouer du haut en bas de l'échelle. Notons toutefois que beaucoup limitent son champ au seul règne humain, d'autre la veulent toujours ascendante et jamais régressive. L'échelle des êtres va ainsi d'un pôle à l'autre, de la matière à l'esprit, dans un même mouvement. C'est ce qu'exprime une formule classique de l'ésotérisme : « Ce qui est en bas est comme ce qui est en haut. »

L'anthropologie gnostique s'articule sur cette cosmologie. L'homme résume en lui-même l'ensemble des degrés de l'échelle, comme le microcosme d'un macrocosme englobant. « Veux-tu te faire une idée vraie du monde, regarde aux profondeurs de ton âme. Veux-tu te connaître toi-même, regarde le monde sous tous ses aspects », écrit Rudolph Steiner. C'est en lui que se fait la rencontre de la matière montant vers l'esprit et de l'esprit se penchant vers la matière, dans un double mouvement d'évolution et d'involution. Et le monde physique apparaît comme un bon laboratoire de travail pour libérer l'énergie spirituelle.

Le corps ne fait pas à proprement parler partie de la nature ontologique de l'homme. Ce n'est qu'un vêtement, une « coque » utilisée par un être humain dont l'essence est de nature divine. Il en change plusieurs fois au long des réincarnations successives qui doivent l'amener à s'exhausser jusqu'à l'esprit divin. L'homme est essentiellement un esprit (principe divin immortel) qui possède une âme (subtile) pour rattacher l'esprit au corps et un corps (fait de matière périssable). Plus finement, on dira avec Mme Blavatsky qu'il est composé de sept corps, à l'image des sept degrés de l'univers, lui permettant de communiquer avec chacun des sept plans d'émanation.

L'Anthroposophie énumère de même : le corps physique, le corps éthérique, le corps astral, la forme du moi, le moi spirituel, l'esprit de vie, l'homme-esprit. O. M. Aïvanhov cite les corps : physique, éthérique, astral, mental, bouddhique, atmique, de l'esprit pur. De ce corps fait de matière périssable, l'homme est captif. Il est en prison : σῶμα, σῆμα, le corps est un tombeau disaient les grecs. D'où son malheur. L'enfouissement du moi divin dans la matière aveugle l'homme sur son identité véritable et le fait vivre dans l'illusion, la trompeuse « maya » qui l'incline à perdre la notion des réalités supérieures. Pour s'en libérer, il doit acquérir la Connaissance, seule voie du salut.

Mais cette ignorance est telle que la libération du monde des apparences demande plus d'une existence terrestre. L'ancienne personnalité donne lieu à une nouvelle « comme une chandelle avant de s'éteindre peut en allumer une nouvelle et ainsi continuer la série ». Car pour prendre conscience de sa vraie nature divine et la « réaliser », pour réintégrer l'état divin primordial dont il est émané, le principe humain *doit* se réincarner. C'est alors le même esprit qui perdure sous différents vêtements corporels.

L'accomplissement intégral du cycle spirituel est réglé rigoureusement par la loi bien connue du karma : « Il faut payer la dette jusqu'au dernier sou », et pour cela reprendre en sens inverse le processus d'involution, pour entrer dans le chemin de libération que propose à sa manière chacun des mouvements spirituels. Au terme, l'étincelle divine de l'esprit ayant enfin échappé à la roue des renaissances, retrouvera le Feu divin originel et s'y fondra comme la goutte d'eau dans l'océan. C'est le nirvâna du Bouddhisme, terme du Chemin des humains.

Développons les implications particulières de ce schéma général dans trois courants-sources de la nouvelle religiosité.

Trois courants de pensée dominants. — Dans le *spiritisme* d'Allan Kardec (1804-1869) l'idée de réincarnation est un élément d'une théorie globale sur l'évolution hiérarchique des Esprits, qu'il développe longuement dans le *Livre des Esprits* (1857). L' « instituteur Rivail » fit d'ailleurs connaissance de manière très personnelle avec la métempsycose : lors d'une séance spirite entre amis, un esprit lui révéla qu'il vivait en Gaule dans une incarnation précédente, au temps des Druides, sous le nom d'Allan Kardec. A chaque incarnation nouvelle, chaque esprit progresse par une nouvelle étape de purification et de perfectionnement, d'expiation et de mission. Un élément de l'existence corporelle précédente survit après la décomposition du corps matériel et accompagne l'esprit dans sa nouvelle existence : le périsprit, lien fluidique entre le corps et l'esprit.

L'enseignement aussi original de la *Société théosophique* de Mme H. P. Blavatsky (1831-1891) est une vaste compilation de thèmes orientaux et de considérations classiques de l'ésotéro-occultisme à laquelle elle donne le nom, abusif, de « Théosophie ». A la base de sa conception propre de la réincarnation se situe l'anthropologie originale que nous avons évoquée. L'homme, immortel dans son essence, est composé de sept éléments, comme des aspects reliés hiérarchiquement les uns aux autres. Au bas de l'échelle, le corps physique. Puis : le principe vital, le corps astral (ou « double éthérique »), le Kama rupa (siège des désirs, des passions, de l'animalité), manas (l'âme humaine, le mental), buddhi (l'âme spirituelle), atma (l'esprit). Manas, buddhi et atma constituent le Soi qu'elle appelle « Christos ». C'est manas (le mental, l'Ego intérieur), qui se réincarne emmagasinant les impressions et l'expérience des vies antérieures, pour l'adjoindre à atma, l'Ego supérieur. Ces réincarnations, à l'exception de celles des enfants morts en bas âge et des handicapés mentaux profonds, interviennent sur de longues périodes, mille à mille cinq cents années nécessaires au mental pour digérer sa vie précédente et oublier le passé. L'Ego qui accumule les expériences antérieures est plutôt, semble-t-il — mais la doctrine ici est plus floue —, l'âme spirituelle jointe à l'esprit (buddhi et atma).

Annie Besant (1847-1933), efficace disciple d'H. P. Blavatsky, précise par la suite que c'est bien l'âme humaine, manas, l'Ego qui se réincarne et, en se purifiant du moi animal, s'unit à la divinité et devient l'homme divin, l'Ego spirituel, Atma.

Ce processus de libération et de purification de l'Ego individuel rend l'homme de plus en plus apte à réaliser la totalité de ses aspirations, à connaître l'Esprit habitant en lui et à développer son sens de la fraternité universelle. On reconnaît ici une certaine parenté avec l'Hindouisme, même si pour Mme Blavatsky l'homme fait son salut *par* la réincarnation, alors que dans l'Hindouisme c'est *en se libérant* du cycle des réincarnations. Dans cette perspective plus consolante, « chaque jour de la vie, écrit A. Besant, n'est plus qu'une page dans le grand drame de l'existence, chaque douleur n'est qu'une ombre flottante, chaque mort l'abandon d'une maison usée, et la paix impérissable que rien ne peut déranger répand sa pure blancheur sur l'esprit triomphant » (*Réincarnation-Karma,* p. 99).

Disciple au départ de Mme Blavatsky, Rudolph Steiner père de l'*Anthroposophie* s'en sépare bientôt pour des divergences importantes au plan philosophique (il fonde sa « Science spirituelle » sur une philosophie de l'Esprit), et par un net refus de l'antichristianisme théosophique. La place du Christ est en effet centrale dans son œuvre. Pour lui la réincarnation n'est pas le fait de l'âme individuelle, mais de l'Esprit éternel et immortel débordant les limites de l'individu et de l'histoire, qui s'enrichit à chaque incarnation des expériences nouvelles quand elles sont fécondes. L'âme dans son rapport-rattachement au corps disparaît avec lui après la mort. A chaque incarnation elle se contente d'établir le lien entre le corps mental et l'esprit impérissable. Et à chaque incarnation, l'Esprit loin de tomber dans un nouvel emprisonnement comme le dit la gnose, connaît un développement de spiritualité et de liberté. La réincarnation nous offre ainsi une pédagogie de croissance personnelle et de progression humaine et divine. Seule l'attitude que nous prenons à l'égard de la vie peut être limitation et emprisonnement.

Cette conception optimiste répond bien à notre désir d'immortalité et d'expériences sans limite. Elle a séduit également des chrétiens s'interrogeant sur la destinée des hommes ayant vécu avant le Christ et n'ayant pu Le connaître. En effet, selon Steiner, ils ont vécu avec lui dans des incarnations antérieures et ont donc pu L'entendre. Peut-être pourront-ils aussi Le rencontrer dans leurs existences futures car le Christ, qui est déjà fruit de la réincarnation de personnages célèbres du passé tels Zoroastre et Bouddha, pourra se réincarner à l'avenir dans de nouveaux « avatars », voire dans les figures « christiques » d'initiés particulièrement performants.

Le modèle New Age. — Les modèles grecs, hindous, gnostiques, ésotéro-occultistes de la réincarnation se référaient à des systèmes de croyances caractéristiques et assez facilement identifiables, autour de quelques grandes constantes : la thèse de la pluralité des vies, la loi de la rétribution universelle ou du karma, la permanence d'un principe individuant au long de la succession des corps. Avec l'arrivée du New Age, qui emprunte librement à toutes les doctrines d'Orient et d'Occident et en fait son miel propre dans une vision holistique (totalisante) des choses, la réincarnation devient plutôt un élément constitutif de la spiritualité individuelle, une spiritualité accessible à tous, un moyen de réaliser pleinement son moi dans toutes ses dimensions, la Loi centrale d'une vie en harmonie avec l'Univers. On ne cherche pas à en prouver la vérité, car c'est avant tout une expérience personnelle, autovalidée par la force et l'authenticité du témoignage, fondée sur une connaissance intérieure, fruit de l'intuition.

Cette croyance est particulièrement en harmonie avec l'individualisme occidental et le primat de l'expérimentation personnelle qui le caractérise. Elle se présente comme un élément évident et intégré d'une sorte de micro-culture religieuse que l'on peut qualifier de « nouvelle religiosité ». C'est un ensemble de mots et d'images, de représentations et de symboles que les médias orchestrent et diffusent, en grands maîtres de la « séduction de l'esprit » dont parle Harvey Cox. Ils les adaptent avec souplesse aux intérêts du public. Les lectures des vies antérieures avec Edgard Cayce, les récits de Shirley MacLaine sur ses incarnations passées sont révélatrices de l'un des grands mythes du Nouvel-Age. L'imaginaire est roi dans cette culture de masse où le produit « réincarnation » est offert comme la réponse la plus évidente et la plus logique aux grandes questions métaphysiques que se pose l'homme sur son origine et sur sa fin, sur la souffrance et sur la mort. Les croyances de l'une ou l'autre des grandes religions y trouveraient elles-mêmes leur compte puisque, dans un syncrétisme hospitalier, tous les Maîtres, de Jésus à Bouddha, de Confucius à Allan Kardec y prêchent la même croyance, adaptée au désir de chacun.

La forme sous laquelle est présentée la transmigration dans le Nouvel-Age est en effet singulièrement consonante avec certaines aspirations de nos contemporains. Tout d'abord par la place centrale accordée au Moi comme lieu de tous les possibles : « Tout est en toi. » N'est-il pas doué de pouvoirs illimités, par l'imagination, par la Pensée positive ? Je peux, si je le désire vraiment, déclencher les énergies de mon esprit agissant sur la matière. Ainsi puis-je obtenir les images de mes vies antérieures. Ne suis-je pas Dieu en quelque sorte puisque sommeille en mes profondeurs une étincelle de l'immense Energie divine ? « Ce qui est en haut est comme ce qui est en bas », disait la Table d'émeraude. « L'univers, c'est toi », dit le newager. Et l'âme, le Moi illimité saura évoluer et se perfectionner au long de ses expériences successives dans des corps successifs. Elle saura acquérir davantage de sagesse et de pouvoir. Le Nouvel-Age ne présente pas le karma comme une source de punitions à subir au long de la ronde des existences, mais comme une chance donnée d'une plus grande liberté de choix, d'un progrès continuel par de nouveaux apprentissages. La réincarnation en perspective New Age rassure et offre à chacun un avenir spirituellement assuré.

Ouvrir son esprit à la perspective de la réincarnation, c'est aussi remettre l'imagination au pouvoir. Nos contemporains y sont sensibles. Or, l'imagination est une des formes de la connaissance. L'hémisphère droit de notre cerveau, dit le New Age, siège de l'intuition, des découvertes les plus fécondes dans le domaine du Beau, du Bien et du Vrai est déjà quasiment en friche et inexploité. Place donc à l'imagination, à la connaissance intuitive et à l'expérience subjective. C'est le lieu premier de naissance de la foi en la réincarnation, qui est d'abord une découverte intérieure. Cette expérience personnelle dont le Nouvel-Age affirme le primat sera convalidée ensuite par des témoignages dont la force repose sur la spontanéité et la sincérité. Ils valent pour eux-mêmes. Ces expériences ne sont pas soumises à l'interprétation, elles sont fondatrices, elles renforcent une croyance déjà tenue pour assurée.

La réincarnation, conduite rassurante devant la mort qui n'est qu'une étape transitoire avant les retrouvailles d'un autre corps et d'une autre vie, est aussi une conduite rassurante devant certains handicaps et souffrances de la vie, puisque la lecture des vies antérieures peut permettre de porter un diagnostic sur leurs causes et de les guérir. Finalement, dans le modèle New Age, elle est présentée comme une attitude de bon sens accessible à tous, comme la théorie la plus logique, comme l'explication la plus exhaustive de tous les questionnements métaphysiques sur le mal, le sens de la vie, son origine et sa fin. De plus les multiples récits médiatisés de vies passées, de voyages astrals, de channeling flattent un certain goût de rêve qui permet à chacun de se reconstruire un passé plus gratifiant et plus rassurant que le prosaïque présent. Avec le risque d'évasion du réel et d'anesthésie de cette inquiétude métaphysique qui est la marque propre de l'homme. Le modèle Nouvel-Age garde cependant sa valeur, mais il est plus que d'autres en danger d'être récupéré à des fins d'exploitation commerciale et de se pervertir en cet opium du peuple que dénonçait la critique marxiste.

Chapitre III

EXISTE-T-IL DES PREUVES SCIENTIFIQUES DES RENAISSANCES ?

L'élément le plus neuf et le plus original de la réincarnation à l'occidentale est la conviction que l'on peut en donner des preuves scientifiques, expérimentales. En deux domaines assez différents, à savoir : il y aurait une mémoire physique et physiologique des existences antérieures ; il y aurait possibilité d'explorer les vies passées. On pourrait y ajouter une proposition corollaire dans la doctrine spirite : il y aurait des « esprits », des « désincarnés » en attente de réincarnation, et nous pourrions entrer expérimentalement en communication avec eux.

Les occidentaux sont friands de ce genre de démonstration « scientifique », même si en fait on sort du domaine de la science pour entrer dans celui de la croyance. On peut alors dresser la liste d'un certain nombre de constats, comme des indices de crédibilité laissant entendre que cette croyance est vraisemblable ou en tout cas non dénuée de rationalité. Il font aussi toucher du doigt les limites de nos connaissances concernant certains pouvoirs inexplorés de la conscience, les limites d'une conception courante de l'homme rigidement limitée au dualisme cartésien corps-âme, les limites d'une conception du réel qui exclurait par principe le monde invisible de son champ d'études.

Nota. — Pour bien cerner le vocabulaire, il est important de ne pas confondre la réincarnation avec d'autres séries de faits apparentés mais différents : la *possession* passagère d'une personne par une entité qui semble venir l'habiter, spécialement en état de transe, comme dans le chamanisme sibérien et le vaudou haïtien, ou dans certaines ethnies africaines, voire dans l'hypnose expérimentale ; le *voyage hors du corps* comme dans les états hypnotiques et médiumniques et les comas avancés ; l'existence de *revenants* apparaissant épisodiquement en des lieux et à des moments précis.

Une mémoire des existences antérieures

Napoléon déclarait à ses intimes qu'il avait été Charlemagne dans une existence antérieure. Le général Patton pensait avoir acquis sa science militaire sur d'autres champs de batailles. Jack London écrivait : « Je grandis et me développe depuis d'innombrables millénaires, et chacune de mes identités précédentes m'apporte sa voix, son écho et son impulsion. »

L'impression de déjà-vu et de déjà-vécu est courante. Des observations nombreuses et vérifiées, témoignent de l'existence d'une sorte de mémoire du passé, ou de connaissances bien organisées d'origine inconnue. Une langue archaïque, inusitée, est parlée tout à coup par une personne inculte. Un savoir mathématique ou musical inexplicable se fait jour dès le premier âge chez un enfant. Ces talents extraordinaires ne peuvent relever en aucun cas, semble-t-il, de la seule hérédité et du seul milieu familial : Haendel n'avait aucun ancêtre musicien. Ne postulent-ils pas alors des apprentissages antérieurs ? Si Mozart à cinq ans composait des musiques si élaborées, n'est-ce pas parce qu'il les avait ébauchées dans des vies précédentes ?

La réincarnation semblerait seule en mesure d'expliquer ainsi le processus d'évolution croissante de l'homme depuis ses origines encore proches de l'animalité, jusqu'à l'*homo sapiens* et à l'*homo technicus* des sociétés hautement industrialisées. Par l'accumulation des savoirs acquis dans des existences passées.

Des faits étonnants. — Il est, de fait, des correspondances pour le moins assez étonnantes. Un enfant de quatre ans raconte avec conviction nombre d'histoires bizarres qu'il aurait vécues, sous un autre nom, dans un autre lieu et une autre famille. Il y conduit ses parents, retrouve le chemin de « sa » maison, identifie des objets et reconnaît des personnes. Ou bien on découvre chez un autre enfant des phobies, des tics, des attirances spontanées pour des objets, bien spécifiques d'une personne décédée dont on fait l'hypothèse du retour dans ce gamin.

Ces souvenirs de vie passée sont surtout le fait de l'enfant dès deux à trois ans. Si l'entourage ne censure pas son discours, il continuera jusque vers l'âge de cinq ans à rappeler son existence antérieure, en donnant à la demande des détails précis. Les images du passé s'estompent peu après. Et l'entrée à l'école « normalise » le sujet. Certains enfants demandent même à être ramenés « chez eux », comme s'ils n'étaient pas à l'aise dans leur incarnation présente et préféraient revenir à leur ancienne peau. D'aucuns refusent d'être garçon ou fille. Ou bien ils refusent le milieu social de leurs parents, toujours au nom de leur existence antérieure.

Les connaissances précoces sont fréquentes dans les cas recensés en Inde. Des enfants de trois ans se mettent à réciter des textes sanscrits qu'ils n'ont jamais entendus, comme si leur mémoire réactivait les enseignements acquis par des érudits du passé. Aussi précoces certains goûts chez les enfants du même âge pour les cigarettes, l'alcool ou la drogue, penchants qu'ils avaient éprouvés, disent-ils, dans leur vie antérieure. Le psychologue américain Ian Stevenson a mené avec de gros moyens et en tous points du globe une recherche précise et pluridisciplinaire sur cet ensemble de cas, qu'il relate en particulier dans *Cases of the reincarnation type,* et *Twenty cases suggestive of reincarnation*. Il cite le cas étonnant de la petite Kukum Verma qui aimait tout particulièrement les serpents, parce qu'elle avait eu jadis un cobra pour éloigner les voleurs. Dans la série des talents précoces voici un Paulo Lorenz terminant avec brio une broderie compliquée laissée par l'ouvrière sur une machine. Ou Parmod Scharma qui se dit, à l'âge de trois ans, propriétaire d'une usine de soda dans une autre existence. Et de remettre en marche la mécanique en panne de la machine à fabriquer cette boisson devant laquelle on le conduit.

C'est une pratique courante chez les tibétains de choisir le futur Dalaï Lama parmi des enfants soumis à des épreuves d'identification d'objets, de lieux ou souvenirs se rattachant au Dalaï défunt, pour déterminer dans lequel d'entre eux il s'est réincarné. Il existe donc de nombreux cas de souvenirs surgissant à la mémoire qui ne peuvent s'expliquer par le seul passé du sujet au cours de son existence actuelle. L'hypothèse de l'acquisition de ces connaissances dans une vie antérieure vient alors naturellement à l'esprit, et l'on n'a pas de raison décisive de la récuser. Mais il faut noter aussi que ce n'est qu'une hypothèse parmi d'autres.

Mais il est d'autres hypothèses explicatives. — Il peut y avoir un simple phénomène de réminiscence : un souvenir oublié est réactivé par une sensation présente. L'influx nerveux dans le cerveau repasserait exactement par le même circuit de neurones qui a été impressionné antérieurement par une image semblable ; d'où le sentiment de vivre présentement une situation antérieurement vécue.

Il peut s'agir aussi d'un fonctionnement exceptionnel de la mémoire. On a observé des phénomènes semblables dans des situations de stress et de maladie. Ou encore d'un cas de transmission de pensée, lorsqu'il s'agit en particulier d'un médium pratiquant la « lecture des vies antérieures » par « descente dans l'astral ». Il peut y avoir enfin, selon d'autres observateurs, communication avec des défunts transmettant quelque chose de leur propre histoire. Car il ne faut pas oublier que le monde invisible est aussi réel que le monde visible.

L'hypothèse de la télépathie est parfois à retenir. L'histoire racontée dans son enseignement familier par le Maître bulgare de la Fraternité blanche universelle, illustre bien ce cas de figure. Un enfant de Sofia qui accompagnait ses parents en promenade dans un lieu qu'il n'avait jamais vu auparavant, leur déclare : « Je connais bien cet endroit, j'y suis déjà venu. » La description qu'il en donne s'avère exacte point par point. Y compris la fin : « Quand j'allais à l'école, c'est ici que je me cachais, et c'est là que je me suis noyé dans la rivière. » Or son frère aîné s'était effectivement noyé en cet endroit précis. Mais jamais on ne lui en avait parlé. Du coup les parents de conclure : « Notre aîné s'est réincarné dans son frère cadet. »

Or on sait que la faculté de voyance, don naturel du même type que le sens artistique ou le don des langues, est développée chez certains enfants. Celui-ci ne lisait-il pas la pensée de ses parents (par télépathie), leur conscience habitée des émotions très fortes, des « clichés » très vifs que leur rappelaient ces lieux chargés de souvenirs traumatisants : la noyade de leur premier enfant ?

Le même cas de figure se présente parfois dans les lectures des vies passées par un sujet en état d'hypnose, sur lesquels nous reviendrons. Elles ont leur pertinence, mais il faut aussi se rappeler que dans cet état psychologique particulier, le sujet est hautement réceptif aux suggestions de l'hypnotiseur et peut y puiser la conviction, erronée, de revivre des vies passées. De même dans les séances médiumniques où l'on pratique la « descente dans l'astral », dans les séances de Scientologie où le « conseiller spirituel » veut faire apparaître les traces « engrammiques » laissées par des traumatismes attribués aux existences passées.

Ces explications n'excluent pas d'ailleurs l'hypothèse d'une mémoire extracérébrale, à savoir la permanence dans des lieux ou des objets, d'une forte émotion laissée par une personne — toute émotion forte étant psychosomatique —, et qui a comme impressionné ces lieux, ces objets. Tel est l'exemple classique de l'entonnoir servant au supplice de la question par l'eau, posé à titre d'expérience près de la tête de dormeurs successifs et qui leur fait revivre en rêve, et dans les mêmes détails, cette scène de torture. On peut alors s'identifier soi-même avec les sujets de ces événements émotionnels perturbants, et croire qu'on les a vécus dans une vie antérieure. Est-ce à dire que des « résidus psychiques » demeureraient après la mort expliquant des phénomènes attribués à la réincarnation d'un disparu ?

Des « résidus psychiques » après la mort d'un individu ? — René Guénon admet qu'après la mort corporelle subsiste un magma psychique individuel. « Dans l'ordre psychique, il peut arriver exceptionnellement qu'un ensemble assez considérable d'éléments se conservent sans se dissocier et soient transférés tels quels à une autre individualité » (*L'erreur spirite*, p. 209-210). Ce résidu relèverait de « manifestations de forces » et non d'une conscience corporelle autonome. Il compare les propriétés de ce vestige qu'est le cadavre, à celles du Prêta hindou ou de l'Ob hébraïque. Ces vestiges psychiques provenant de la décomposition du subconscient du défunt, seraient capables de produire des manifestations sensibles. « Dans le cas de mort violente l'Ob conserve pendant un certain temps un degré tout spécial de cohésion et de vitalité, ce qui permet de rendre compte de bon nombre de phénomènes » (*op. cit.,* p. 120).

Voilà qui expliquerait certains faits attribués soit à la réincarnation soit à une communication avec les esprits. En effet écrit Jean Tourniac : « Parmi ces éléments psychiques dissociés après la mort, il en est qui peuvent passer » par osmose subtile « dans d'autres êtres vivants (Guénon précise : hommes ou animaux) tout comme les éléments du corps retournés à la terre peuvent entrer dans la composition d'autres corps. Ceci n'a rien à voir avec un transfert de personnalité, puisque la Personne est l'Esprit, et non la "chair" corps-âme, dans la perspective traditionnelle » (*Vie posthume et résurrection dans le judéo-christianisme,* p. 25).

Il pourrait donc y avoir transmission d'éléments psychiques d'un individu à l'autre, même durant son vivant. On le vérifierait dans la télépathie, voire dans la manière dont se répandent des courants mentaux à une époque et dans une civilisation données. Ce transfert jouerait d'une personnalité à une autre et non d'une individualité à une autre lui succédant dans une incarnation ultérieure.

Cette hypothèse rendrait compte de la tradition tibétaine des Tulkus, ces personnalités de lamas qui se réincarneraient dans des enfants, en en reproduisant apparemment tous les traits, goûts et capacités. « Certains titulaires de fonctions spirituelles ayant nécessité de satisfaire l'assemblée humaine dans une époque future pourraient consentir dès avant leur mort, à "rouler leurs vêtements psychiques" en faveur d'un être futur qualifié verticalement pour accomplir la même fonction... Le rite accompli consiste à "mettre en boule" ou "cailler" le psychisme de l'individualité qui va quitter l'état humain, travail exécuté consciemment par l'intéressé en faveur de son successeur et à la sollicitation pressante des fidèles qui l'entourent encore... Ainsi se trouve rassemblé ce qui est normalement épars dans l'ambiance psychique générale » (*op. cit.*, p. 22-23).

La sorcellerie utiliserait de même des résidus psychiques pour animer des « cadavres psychiques » non encore dissous. Ainsi procéderaient les sorciers créant des zombies, ou les manipulateurs vaudous pratiquant une possession du même genre durant leurs rites guérisseurs. Ces hypothèses sont à relever pour donner l'état exhaustif du dossier. On prendra légitimement distance par rapport à des explications de ce type. Mais on doit constater aussi qu'au terme et après étude critique demeurent un certain nombre de phénomènes inexpliqués : des résidus d'une énergie de nature inconnue — vitale ? psychique ? consciente ? — semblent transmigrer d'un vivant à l'autre. La gnose de Princeton ou le physicien Jean Charon ont fait dans ce domaine des recherches objet de vifs débats. On s'entendra à tout le moins sur le constat que l'homme doit être saisi dans sa totalité, intégré dans l'espace et le temps, un temps qui comporte le présent mais aussi le passé et l'avenir.

Notons enfin pour mémoire d'autres explications alternatives avancées avec une fiabilité variable par des chercheurs sérieux :

— le contact avec la mémoire collective de l'humanité ;
— la participation aux souvenirs laissés dans la conscience d'un groupe par une forte personnalité ;

— la possession par l'esprit d'un mort ou par une puissance purement spirituelle, explication souvent donnée par des civilisations hors Occident et attentivement étudiée par les ethnologues ;
— la mémoire génétique qui serait conservée dans nos chromosomes comme substrat physiologique (ce qui est à la fois soutenu et contesté avec la même passion intransigeante par des spécialistes).

La mémoire génétique, fil conducteur des renaissances ? — La mémoire génétique, par le biais de la fibre chromosomique, maintient dans l'hérédité des espèces une certaine permanence des caractères spécifiques, une certaine identité de chaque vivant avec ses ascendants. Elle est inscrite dans nos gènes, dans nos structures chromosomiques, comme le programme miniaturisé de tout le devenir ultérieur de l'organisme. L'existence de cette mémoire expliquerait aux yeux de certains comment une âme et un corps faits l'un pour l'autre, puisqu'ils se sont « fait l'un l'autre » pourraient surgir identiques en différents moments de l'histoire et de l'espèce humaine.

Notons tout d'abord qu'on ne peut alors invoquer l'argument pour justifier une conception de la métempsycose pour laquelle l'homme se réincarnerait dans une autre espèce animale, *a fortiori* dans un végétal. Car les programmes chromosomiques de ces lignées de vivants sont extrêmement différents.

L'explication vaudrait-elle pour l'espèce humaine ? Oui, mais pour un pourcentage statistique infime, quasiment nul, tellement l'hypothèse d'une répétition d'êtres identiques, hormis le cas de jumeaux vrais ou obtenus par clonage, apparaît comme improbable du fait de l'extrême diversité des programmes génétiques dans la même espèce. Un programme chromosomique est en effet constitué de deux demi-programmes des gênes du père et de la mère. Les différences entre chaque mémoire génétique multipliées par les mutations cumulées au long de l'histoire sont alors telles qu'il n'y a pratiquement aucune chance que deux individus puissent se répéter identiques. Biologiquement, nous sommes des êtres uniques, corps et âme.

Des traces physiques des vies passées ? — L'hypothèse de la réincarnation semble aussi rendre compte des particularités physiologiques découvertes sur tel bébé, des malformations, des cicatrices rappelant trait pour trait une personne disparue avec laquelle il ne se trouve pourtant pas en relation de parenté et donc d'identité : comme des traces palpables, vérifiables, d'une existence antérieure. Tel l'enfant naissant porteur d'une marque rouge autour du cou et dans lequel on voit la cicatrice d'un proche qui a été guillotiné.

Un sur huit des dossiers étudiés par I. Stevenson (200/1 600), relèvent de ce type de témoignage muet et inscrit dans la chair. Dans 17 cas il a pu retrouver des documents médicaux attestant l'identité de nature, de forme et de localisation des traces entre le sujet actuel et celui dont il affirme être la réincarnation : cicatrices de coups de poignard ou de lance, taches rondes de chaque côté de la poitrine évoquant la balle transperçant le corps. Voici un enfant birman porteur de lignes profondément marquées dans les mains, sous ses avant-bras, ses poignets, ses chevilles. Il raconte son histoire du temps passé. Fils d'un homme riche, il avait un beau magot. Des voleurs s'emparent nuitamment de lui, l'attachent en position accroupie, les mains entre les jambes avec un fil de fer fin et très serré. Il s'emparent de l'argent et l'abandonnent en ce triste état. Ses efforts désespérés pour se libérer ne font alors que lui entailler profondément les mains, les bras et les jambes. Il meurt après trois jours d'agonie. Or l'enfant victime de ce cauchemar du passé appartient à une vieille famille chrétienne qui ne croit pas à la réincarnation. En Thaïlande les proches d'un mort marquent parfois son corps après le décès d'une marque précise : pour l'identifier à son retour dans le bébé porteur de la même marque. Quelle explication donner de ces marques physiques si ce n'est la réincarnation ?

Certains observateurs font appel aux schémas anthropologiques de la Théosophie et plus largement de l'ésotérisme. La personnalité de certaines gens, en particulier de ceux qui sont morts de mort violente prématurée, c'est-à-dire avant d'avoir pu développer totalement le programme de vie qui s'ouvrait devant eux, demeurerait parfois dans le même lieu sous forme de vestiges psychiques cohérents mais non conscients, de « coques astrales », selon le vocabulaire reçu. Ces entités désincarnées en instance de départ peuvent errer çà et là attendant un lieu, ou se manifester en « revenants » venant taquiner, voire marquer les vivants.

Il est toutefois des explications plus simples de cette « revenance ». Les pensées d'un mourant peuvent agir comme par contagion affective sur l'entourage. Le désir très fort de demeurer parmi les siens peut s'implanter ainsi dans le mental de celui qui reste, surtout s'il a entretenu une forte communion de pensée et de sentiment. Il s'agit alors de télépathie. Et la personne restante pourra se croire par la suite, en toute bonne foi, en communication avec le disparu. Celui-ci l'a littéralement « envahi ». Analogiquement, René Guénon parle, nous l'avons vu, de « résidus psychiques » qui pourraient être transférés à une autre individualité après la mort corporelle.

Explication intermédiaire : certains font l'hypothèse que l'âme du corps reste quelque temps encore auprès de son cadavre. Il ne faudrait pas alors s'étonner que neuf mois après être venu examiner avec curiosité le corps d'un personnage décédé de mort violente, une femme accouche d'un enfant qui dit avoir été ce personnage.

Cette contagion psychique souvent à l'origine de ce que l'on interprète en termes de personnalité, se réalise idéalement à l'intérieur d'un groupe social à grande affinité naturelle : famille, tribu, clan. Or, note Stevenson, c'est justement le cas chez les Tlingits de l'Alaska où il a observé des faits impressionnants : il est entendu qu'on y renaît dans sa famille, d'où le grand nombre de cas recensés. En Thaïlande, 69 % des réincarnations étudiées se sont faites dans la famille élargie. En Birmanie, 54 %. Et chez les Druzes il est entendu que l'on renaît entre Druzes.

La transmission d'informations psychiques ou physiques sur l'enfant porteur de traces du passé se fait semble-t-il par la mère : parce que la sensibilité naturelle de la femme est plus grande encore durant sa grossesse. Son imagination pourra même s'alimenter à ses rêves, ce qui expliquerait le rêve prémonitoire chez la parturiente de la naissance d'un enfant qui sera telle personne décédée. Les théosophes font appel ici à la conception de l'astral comme milieu où se transmettent ces informations : « Du fait que l'atmosphère de chaque personne dans la lumière astrale est peuplée d'images de sa famille directe, écrit Mme Blavatsky, la surface sensible du foetus est susceptible d'être impressionnée par l'image d'un ancêtre proche ou lointain. » C'est devenu en effet un fait d'observation médicale courante : la future mère est capable dans certaines circonstances de fixer sur son foetus, dont la forme physique se développe sous l'influence de l'imagination maternelle, des impressions et images qui l'ont profondément marquée. La mère du « guillotiné-réincarné » avait pu capter même inconsciemment l'information traumatisante durant sa grossesse. En Christianisme, les stigmatisés portent les traces des blessures du Christ et ils n'en sont pas pour autant la réincarnation. En hypnose expérimentale et dans certaines somatisations hystériques, des traces cicatricielles apparaissent sous la suggestion conjointe du sujet et de l'expérimentateur.

Quand le futur réincarné annonce son retour. — Dans d'autres contextes culturels on fait couramment état d'annonces par le futur réincarné de son prochain retour. Voici une mère dont le fils est mort au combat. En rêve le disparu lui annonce sa proche venue dans le bébé qu'attendra bientôt sa sœur. Il en décrit même les traits. A la naissance, l'heureuse grand-mère le reconnaît. Ce genre de vision où se transmet le message de l'individu annonçant qu'il va reprendre du service chez quelqu'un de la famille ou de l'entourage, se rencontre en particulier en Inde, chez les Tlingits d'Alaska, les Birmans, les Thaïs et les Turcs Alévi. Mais là encore le rêve que fait la mère des traits du bébé à venir identifié à une personne décédée, peut en imprimer les marques sur le fœtus. Le rêve n'est pas prophétique, mais bien producteur de ce qu'il est censé simplement annoncer.

En Occident on fait davantage appel aux médiums dans les séances du spiritisme, pour annoncer au consultant la réincarnation d'une personne décédée, connue de lui, dans l'enfant à naître. Dans la théorie spirite c'est l'esprit même du désincarné en attente de renaissance qui communiquerait par le médium, le Oui-jà ou le guéridon frappeur, toutes précisions nécessaires sur sa prochaine incarnation. Mais ces informations peuvent aussi avoir été collectées télépathiquement par le médium ou l'animateur de la séance dans le mental des participants ayant connu le disparu.

Notons de manière générale que la croyance à la réincarnation dans un milieu donné semble favoriser les témoignages l'accréditant. Le refus de la croyance semble à l'inverse en inhiber les manifestations visibles : tout comme les « esprits » s'abstiennent de venir lorsque des sceptiques assistent à une séance de spiritisme.

Les théosophes diront que lorsque le climat collectif est accueillant à l'idée du retour tangible de personnes du passé, les individus deviennent psychiquement poreux aux influences astrales et donc à ces manifestations étonnantes. Tout comme les sortilèges et envoûtements existent comme naturellement en Afrique parce qu'ils relèvent d'une croyance reçue. L'origine des marques de naissance serait ainsi à chercher plutôt du côté de l'imagination et de la croyance des parents, que d'une renaissance chez l'enfant.

L'état du dossier scientifique de la réincarnation. — Faisons le point de ce dossier buissonnant : y a-t-il une mémoire, psychique, physiologique, des existences antérieures ? Qu'est-ce qui est prouvé et qu'est-ce qui ne l'est pas ?

Pour un ensemble consistant de faits inexplicables dans l'état actuel de nos connaissances, l'hypothèse de la réincarnation apparaît comme légitime et plausible. Ce qui laisse le champ libre pour des études ultérieures. Mais il ne semble pas que l'on soit en mesure d'apporter une preuve scientifique et expérimentale décisive. Pas plus que l'analyse du Saint Suaire de Turin ne peut apporter une preuve scientifique de la résurrection de Jésus.

D'abord parce que ces phénomènes, peu nombreux, ne sont pas réitérables à la demande pour qu'une observation et une vérification soient possibles. Ensuite parce que l'hypothèse de la réincarnation sort du champ de la science : elle traduit une adhésion de foi parmi d'autres adhésions aussi plausibles.

Ian Stevenson, sur 2 000 cas soigneusement sélectionnés en retient à la fin 20 comme un échantillonnage représentatif « suggérant l'existence de vies antérieures » *(Twenty cases suggestive of reincarnation)* et ils sont impressionnants. Mais en scientifique rigoureux il ne se prononce pas. J. L. Siémons qui a fait connaître en France ces études (*Revivre nos vies antérieures,* p. 282-284) les résume ainsi : « Il n'est pas prouvé que la réincarnation existe », on a rassemblé des présomptions de preuves, mais aucune n'est irréfutable ; « Il n'est pas prouvé qu'elle ne concerne qu'une minorité d'individus », le petit nombre des témoignages recueillis ne permet pas de l'affirmer ; « Il n'est pas prouvé qu'elle n'existe pas », bien que la preuve finale ne soit pas faite, le dossier n'est pas démuni de pièce fortes, d'indices sérieux justifiant l'adhésion de certains.

Seul un choix personnel va donc permettre de décider, qui relève davantage de l'acte de foi que de la démonstration scientifique, comme la croyance à la résurrection en perspective chrétienne. Cette adhésion intérieure naît plus spontanément dans un milieu donné comme l'Orient. Elle est conditionnée par la croyance de l'entourage, comme aujourd'hui en Europe où elle a des tenants autorisés. Les arguments que l'on avance au titre de preuve n'arrivent souvent qu'après l'adhésion, pour la justifier. Ils la fondent rarement au départ. Ils convainquent surtout celui pour qui elle est évidente, car cette évidence est subjective : c'est celle du croyant. Ils ne convainquent pas celui qui a donné une autre réponse à la question : « Que devenons-nous après la mort ? »

A défaut toutefois de voir dans la réincarnation un fait prouvé scientifiquement — mais il est vrai le « cas » scientifiquement parfait est un idéal type qui n'existe pratiquement jamais à l'état pur —, on peut y reconnaître une hypothèse de recherche utile pour comprendre les choses et pousser le savoir, une interprétation possible mais non vérifiable de phénomènes posant question, un modèle théorique pouvant fonder une adhésion personnelle.

L'exploration des vies passées

Talents exceptionnels acquis dès la naissance, informations détaillées sur son existence passée données par un sujet mis en présence de lieux qu'il aurait connus en ce temps là : il faudrait ajouter à cet ensemble de faits les « lectures des vies antérieures » que l'on pratique dans des écoles de thérapies qui se sont fortement développées aux Etats-Unis et ont traversé maintenant l'Atlantique.

La thérapie des vies antérieures. — L'idée maîtresse est qu'au lieu de chercher la cause des problèmes psychologiques dans l'enfance, comme Freud, dans l'inconscient collectif comme Jung, ou dans la vie prénatale, il faut la chercher dans des blessures physiques ou psychiques qu'on aurait connues dans des vies passées. L'actuelle claustrophobie de telle personne viendrait de l'expérience traumatisante d'avoir été enterrée vivante dans une existence antérieure. La frigidité de telle autre viendrait de l'expérience traumatisante d'avoir été violée dans une existence passée. On a fait toutefois remarquer que les effets positifs de ce genre de régression tiennent pour une part à ce que des patients déjà convaincus d'avoir vécu des vies antérieures, y trouvent le cadre idéal où revivre des expériences du passé actuellement enfouies, mais qu'ils pourraient atteindre aussi bien par d'autres techniques psychologiques connues.

La Scientologie exploite ce créneau, parfois financièrement, avec la pratique de la Dianétique, technique permettant de retrouver par la remémoration d'incidents perturbants du passé, leur cause originelle : le « basic » qui peut remonter à cent, deux cents ou deux mille ans en arrière, et qui explique la chaîne d'émotions aboutissant aux effets néfastes dans la vie d'aujourd'hui. Elle permettrait alors d'arracher ce basic comme on arrache la tête du ténia, pour qu'il ne reforme pas à nouveau ses anneaux jusqu'à aujourd'hui dans notre vie présente qu'il continue à traumatiser.

Même si elle peut faire état d'un certain nombre de guérisons, cette thérapie laisse toutefois dubitatifs des chercheurs parmi les plus reconnus, tel Ian Stevenson : « C'est une exploitation éhontée de l'idée de réincarnation. Les patients s'auto-illusionnent en toute crédulité, et bâtissent des récits de vies antérieures qu'une simple lecture critique suffit à démontrer faux. » Il y a en effet toujours danger de manipulation, consciente ou inconsciente, de la part de l'intervenant.

Les lectures karmiques. — Avec le voyant Edgar Cayce (1877-1945) les lectures de vie consisteraient à déchiffrer dans la chaîne karmique des existences d'un client sa personnalité et son destin. En visionnaire extralucide, il portait aussi des diagnostics et donnait des consultations médicales étonnantes parfois de justesse et étudiées encore aujourd'hui avec intérêt. L'ex-pasteur anglican Ch. W. Leadbeater (1855-1934), théosophe, déclarait en 1909 avoir découvert dans un jeune garçon indien, Krishna Murti (1895-1986), le Christ réincarné. Il proposait des « lectures de vie » en remontant lui aussi la chaîne karmique des vies passées pour mieux comprendre la personnalité actuelle en vue de mieux vivre. Ou pour mieux comprendre la personnalité d'un enfant, présente et passée, et l'aider à grandir dans sa ligne propre à l'avenir.

Certains ésotéristes se réfèrent à l'astrologie pour expliquer le retour du défunt dans sa nouvelle existence : par la correspondance entre son thème astral et la configuration des planètes au moment de la nouvelle incarnation.

Dans une autre perspective plus proche d'une voie de spiritualité, Denise Desjardins pratique le « Lying » où en position couchée, d'où le terme de « lying », le sujet est invité à se libérer des obstacles intérieurs remontant à une vie antérieure pour être apte à atteindre l'absolu. Nous sommes ici davantage dans la perspective de l'Hindouisme.

L'hypothèse de base serait que chacun possède en lui le téléfilm de ses renaissances passées et que, dans certaines circonstances, il peut en projeter la cassette sur l'écran intérieur. Mais on en arrive aussi à construire des récits qui ressemblent davantage à des romans fertiles en péripéties. Edgar Cayce s'était revu successivement en grand prêtre égyptien, en médecin persan, en bédouin mystique chef de tribu, en compagnon des apôtres de Jésus, et finalement en découvreur du far-west aux prises avec les Peaux-Rouges. Shirley MacLaine développe le même genre de parcours au long des siècles, dans ses livres dont plusieurs sont devenus des best-sellers. Les schémas classiques font passer de l'Atlantide à l'Egypte, à la Grèce et à Rome. Puis, chez les français, ils bifurquent vers le Moyen Age et les Croisades ou le Grand Siècle; chez les Américains, vers l'époque de la colonisation et la guerre de Sécession.

Quelle est la vérité contenue dans ces « lectures » du passé? Ch. W. Leadbater, prolixe en multiples descriptions de belle tenue littéraire, n'hésitait pas à se documenter auparavant sur les époques de référence en lisant des encyclopédies. Par contre certains détails donnés par E. Cayce ont pu être vérifiés par la suite et reconnus conformes, telle l'histoire d'un soldat sudiste de la guerre de Sécession réincarné dans un musicien aveugle, son client. On en retrouva les traces historiques dans les archives de l'Etat de Virginie.

Certaines explorations en état d'hypnose ont un intérêt réel pour la compréhension de phénomènes n'entrant pas dans les cadres reçus. Mais il faut noter que d'autres hypothèses sont possibles dont le cas célèbre de Bridey Murphy rapporté par Mary Burnstein est le prototype.

Le livre de Mary Bernstein paru en 1956 (trad. franç. : *A la recherche de Bridey Murphy*) fut un best-seller dès sa parution, entraînant une frénésie de séances d'hypnotisme. C'est le récit par l'auteur d'une démarche d'accès à des vies antérieures grâce à la transe hypnotique. Au cours d'une séance son sujet préféré, Ruth Simmons, remonte progressivement vers sa naissance puis devient « Bridey Murphy » qui se présente comme une jeune fille de Cork en Irlande. Au long de six régressions (1952-1953) elle donne de multiples détails sur cette vie antérieure (de 1798 à 1864), sur sa famille, son mariage, les lieux où elle a habité. Elle indique à l'hypnotiseur les documents à consulter pour vérifier ses dires. Une enquête menée par des personnes étrangères à la question a confirmé plusieurs détails. Mais le cas de Bridey Murphy a suscité aussi de vives controverses.

La capacité de restituer des détails vérifiables du passé peut tenir en effet à une connaissance par d'autres voies, on l'a vu, telle la capacité de perception extrasensorielle du voyant qui va puiser par communication de pensée dans la mémoire du consultant ou dans le mental d'un connaisseur, historien ou autre, existant bien concrètement *hic et nunc*. Il peut tenir à la reviviscence sous hypnose de souvenirs oubliés. Dans chacune de ces situations, on peut faire validement l'hypothèse qu'il n'y a pas perception du passé antérieur, mais du contenu mental présent de l'hypnotiseur, du médium, du thérapeute. Il n'est pas alors nécessaire de les expliquer par une lecture directe des existences passées ou de faire appel aux « archives akashiques » de l'humanité, sorte de mémoire collective conservée dans le monde de l'astral.

Ces explications alternatives n'épuisent par pour autant la pertinence de certains faits invoqués à l'appui de l'existence des vies antérieures.

Une communication directe avec les esprits avant qu'ils se réincarnent ?

Si l'on pouvait communiquer directement avec les esprits des « désincarnés » entre deux de leurs incarnations, et rendre compte par l'observation scientifique de ces communications, on tiendrait semble-t-il une preuve convaincante de la réincarnation. Le désir de renouer avec les trépassés le contact brutalement rompu par la mort est d'ailleurs vieux comme le monde. Le spiritisme en est l'expression contemporaine. Plus de 1 million d'adeptes en France s'y intéressent. Il réunit souvent des personnes esseulées par la perte d'un être cher, mais certains sont aussi animés d'une curiosité morbide pour l'étrange. C'est l'une des religions officielles du Brésil sous le nom de Kardécisme ; 5 % de la population du pays y adhère et l'on évalue à 25 % le nombre de ceux qui se déclarent à la fois spirites et catholiques, soit 20 à 25 millions de croyants. On trouve des fidèles fervents dans presque tous les pays de l'Amérique Centrale et du Sud. Et sous sa forme contemporaine de « chanelling » il représente un des thèmes important du Nouvel-Age. Or dans sa théorisation par Allan Kardec, père et pionnier du spiritisme en France, le mouvement spirite fait une large place à la réincarnation.

Le mécanisme de la réincarnation — L'instituteur Hyppolite Léon Denisard Rivail (1804-1808) aurait reçu en effet mission, lors d'une séance spirite entre amis, où il lui fut révélé, on se le rappelle, qu'il vivait en Gaulle lors d'une incarnation précédente sous le nom d'Allan Kardec, de faire connaître au monde un ensemble d'enseignements qu'il va dès lors collecter auprès des désincarnés par la bouche des médiums. Ce qui donne en 1857 le livre de base de la doctrine spirite : « Le Livre des Esprits contenant les principes de la doctrine spirite sur l'immortalité de l'âme et la nature des Esprits, et leurs rapports avec les hommes... »

Suivant ces enseignements Dieu aurait prévu dès le départ tout ce qui est nécessaire pour le véritable bien de chaque âme et pour son progrès. Mais ce programme ne pouvant s'accomplir en une seule existence, d'autres vies corporelles et d'autres épreuves lui seront offertes pour achever ce qui n'a pu l'être dans un premier essai. « Quel est le but de la réincarnation ? — Expiation, amélioration progressive de l'humanité. Sans cela, où serait la justice ? — "Dieu" comme un bon père laisse toujours une porte ouverte au repentir. » Il n'y a pas en effet de châtiment éternel. Le rachat se joue sur cette terre par l'acceptation courageuse des épreuves qu'il envoie.

L'essentiel de la doctrine est simple. Dieu a créé l'univers sous deux formes : « Les êtres matériels constituent le monde visible ou corporel, et les êtres immatériels le monde invisible ou spirite c'est-à-dire des Esprits. Le monde spirite est le monde normal, primitif, éternel, préexistant et survivant à tout. Le monde corporel n'est que secondaire ; il pourrait cesser d'exister ou n'avoir jamais existé sans altérer l'essence du monde spirite » (*Le Livre des Esprits,* p. X). Les Esprits connaissent trois étapes dans leur destinée : l'état d'âme ou d'Esprit incarné appelé à se perfectionner sur la terre; l'état d'Esprit errant, qui continue à progresser encore après la mort; l'état de félicité totale quand l'Esprit entre enfin dans le sein de Dieu, totalement dégagé de la matière et à l'abri de toute réincarnation. Une incarnation nouvelle représente en effet pour un Esprit comme une épreuve destinée à lui fournir l'occasion de gagner son ciel. Par quel mécanisme ?

Quelque temps après le choc de la mort corporelle, l'âme ne quitte pas immédiatement le corps. Après quelque délai, elle devient « esprit » en s'enveloppant de son « périsprit », sorte de corps fluidique, éthérique ou « spirituel ». Le nouvel Esprit prend alors conscience de lui-même et de son degré d'avancement en voyant défiler à sa mémoire le souvenir du bien et du mal qu'il a fait. Et il devient Esprit-errant en attente d'une nouvelle incarnation, faisant parfois étape dans des lieux intermédiaires pour s'y reposer.

Mais dans cette nouvelle forme d'existence il continue à s'instruire. Il est donc à même de choisir lui-même les épreuves de sa prochaine vie, puisqu'il connaît aussi bien son état d'avancement que les causes de ses épreuves. L'intervalle entre chaque incarnation varie ainsi de quelques heures à des milliers de siècles. L'Esprit peut même demander de rester à ce stade pour poursuivre son instruction, car elle ne porte de fruit qu'en l'état spirituel. Il peut même reculer, s'il a peur de l'épreuve, la date de sa réincarnation. Et tous ses enseignements se capitalisent, d'où « les aptitudes extraordinaires qu'apportent en naissant certains êtres précoces, particulièrement doués ». Ainsi s'expliquerait le génie d'un Mozart enfant. « L'élévation des sentiments, la pureté de vie, les élans vers le bien et l'idéal, les épreuves et les souffrances patiemment endurées affinent de plus en plus le périsprit. Comme une action chimique, ils en consument les particules grossières et ne laissent subsister que les plus subtiles »

(Léon Denis, *Après la mort. Exposé de la doctrine des Esprits,* p. 123). Chaque traversée provisoire de la matière sur cette terre ou sur une autre planète représenterait une nouvelle épreuve, mais toujours dans le sens d'une plus grande pureté.

Et comme l'esprit conserve par la suite en mémoire l'ensemble de ses vies, il peut en dégager les leçons pour progresser. Mais il perd ses souvenirs quand il s'incarne à nouveau. Heureusement l'âme-esprit est alors aidée par un Esprit supérieur qui lui sert de guide et l'aide à faire le passage délicat et angoissant de la naissance dans un nouveau corps. Ce processus d'incarnation consisterait techniquement en ce que le périsprit s'adjoint de plus en plus de molécules matérielles jusqu'à constituer une nouvelle enveloppe charnelle. On comprend pourquoi le nouveau corps, modelé sur le périsprit, en reflétera les qualités et les défauts, à la manière d'une copie.

L'union de l'âme et du corps débute à l'instant de la conception. Et durant les neuf mois de gestation l'âme comme endormie oublie progressivement ses existences passées. Notons que pour A. Kardec il n'y a jamais retour en arrière dans l'échelle des êtres : « Le fleuve ne remonte pas à sa source, l'arbre n'est pas le pépin. »

Cette doctrine va toutefois quelque peu évoluer avec les années, à la suite de nouvelles révélations de l'Au-delà, dit Allan Kardec. Cela va se traduire en particulier par la limitation du nombre des renaissances. Et même par l'idée que l'évolution des Esprits, aidés par leurs Guides supérieurs, pourrait se faire directement et totalement dans l'Au-delà sans obligation de reprendre un corps physique. Cet allégement de la doctrine originelle et une imagerie plus facile expliquent le succès qu'a connu ce schéma simplifié de la réincarnation à la manière spirite. Dans sa version populaire, la transmigration séduit par sa simplicité et son caractère bon enfant. Elle donne le sentiment de pouvoir pénétrer les secrets d'un Au-delà qui ressemble étonnamment à une condition terrestre améliorée. On y jouirait de la liberté de se déplacer à sa guise, sans se fatiguer, de connaître les choses par vision directe. On y serait affranchi du travail matériel et des tâches ménagères. Cette conception séduit également parce qu'elle a perdu son caractère ascétique d'étape intermédiaire où l'on est appelé à progresser à chaque traversée de la matière : elle est conçue comme une sorte de repos paisible entre deux incarnations. L'âme serait simplement partie « quelque part » pour un certain temps, comme en voyage. Et elle reviendrait pour une nouvelle prestation sur la terre à la prochaine occasion. Entre temps la communication de toute façon ne serait pas rompue, puisqu'il suffirait de s'adresser aux médiums pour transmettre ou recevoir des messages et avoir ainsi la preuve expérimentale du mécanisme même de cette transmigration.

Les médiums, traits d'union avec les désincarnés. — Le médium est le trait d'union avec l'Au-delà. Il aurait en effet la possibilité de dissocier de son vivant les trois éléments qui normalement ne se dissocient qu'à la mort : le corps matériel, le corps éthérique (ou périsprit) et l'âme. Un médium à dédoublement ferait « coulisser » son âme et son périsprit hors de son corps physique, lequel continuerait à mener une vie au ralenti. Le périsprit pourrait même guider sa main, dans l'écriture automatique. Dans d'autres cas le corps semi-endormi (par un hypnotiseur) sera libre pour offrir asile à un nouvel habitant, qui peut être un proche défunt en attente de réincarnation. Et c'est son esprit que l'hypnotiseur fera parler par la bouche du médium endormi.

Plus impressionnant encore le médium capable d'entrer en contact avec le corps éthérique des Esprits et de rendre perceptible expérimentalement leur matière subtile sous forme d' « ectoplasmes » en leur transmettant sa propre énergie vitale. On fait grand cas de ces « matérialisations » de mains, de têtes, de silhouettes à partir d'une substance blanchâtre sortant comme une mousseline légère de la bouche du médium. Certains seraient même capables de déplacer les objets. Et l'explication donnée de ces pouvoirs est subtile. Les médiums à effet physique, spécialisés dans le déplacement de tables, chaises, vases, extérioriseraient l'image du périsprit dans une sorte de sphère rayonnante où les Esprits viendraient puiser l'énergie nécessaire pour animer ces objets, lesquels obéiraient à l'ordre que leur donneraient mentalement les Esprits. Il s'agit donc, dans une séance spirite, de combiner le fluide des vivants, entretenu par la chaîne des mains des participants, avec les forces propres des désincarnés.

Une preuve scientifique de la réincarnation ? — Le fondement « scientifique » de la doctrine du spiritisme sur la réincarnation repose donc sur l'existence de phénomènes observables se produisant en présence de médiums jouant le rôle d'intermédiaires avec les désincarnés en attente de réincarnation. Ce genre de « preuve » est moins retenue aujourd'hui. Robert Amadou, spécialiste confirmé en la matière, écrit : « Si nous conservons les exigences scientifiques propres aux parapsychologues modernes, nul ne peut affirmer l'authenticité de ces phénomènes » (*La parapsychologie,* p. 370). On reconnaît plus couramment dans les milieux de parapsychologues que les messages codés relèveraient de phénomènes de télépathie entre les participants aux séances, cas classiques de Perception extra-sensorielle. Et les mouvements du guéridon, les déplacements du Oui-jà ou les poltergeists, de la Psychokinésie, ou production de mouvements à distance sans cause connue apparente. Il ne serait donc pas nécessaire de faire appel à l'intervention de désincarnés. Mais il faut aussi reconnaître que l'on est totalement ignorant de la nature de l'énergie ainsi mise en œuvre, ce qui laisse champ libre à la recherche.

Note adjointe : des expériences de survie dans l'Au-delà ? — Peut-on faire état d'autres preuves directes d'une survie après la mort donnant corps à l'hypothèse de la réincarnation ? Ces preuves si elles sont validées, ne pourront être toutefois du type de celles des sciences expérimentales fondées sur l'observation, la réitération des expériences, leur vérification par des protocoles de mesure et de calcul rigoureux et précis. Au mieux, l'approche scientifique pourra décrire des observations, recueillir des témoignages qui traduisent, sinon d'autres modes d'existence, du moins d'autres modes de relation à l'espace, au temps et au cosmos. Ces expériences personnelles sont rapportées souvent en termes de « voyages » hors du corps, de communications avec les trépassés, de séjours dans l'Au-delà, d' « expériences aux portes de la mort ». Elles concernent autant des états de transes médiumniques que les souvenirs de « rescapés du grand passage ».

Ces expériences ne constituent donc pas des preuves objectives de la survie, mais peuvent se regrouper en faisceaux de preuves subjectives attestant une croyance en la survie fondée sur l'expérience de types d'existence différents de la vie terrestre.

Pour certains observateurs ces faits laisseraient supposer que la vie existe indépendamment de l'enveloppe charnelle, comme un océan cosmique où naissent et meurent des formes sans cesse renouvelées et renaissantes. Il n'y aurait pas un « autre monde » mais un monde qui est sans cesse en train de devenir « autre », sous des formes différentes. Les états de vie hors du corps tout comme la réincarnation seraient à l'échelle humaine des expressions de cette incessante transformation.

On dira par exemple que le décorporé entre en contact avec une énergie « transmatérielle » : l'Energie pure. Transmatérielle, parce que tout le réel n'est pas forcément matériel.

D'autres recourent directement à des hypothèses avancées d'astrophysique et de physique nucléaire pour parler de « matière invisible » entourant les galaxies. Ou bien à des hypothèses de neurophysiologie et de biologie faisant état d'expériences non mesurables par les sens parce que relevant d'état de conscience autres. Ou encore aux notions orientales de Shakti, de Yin et Yang, de Kundalini, toutes dénominations désignant des systèmes d' « Energie pure » non perceptibles scientifiquement mais observables dans leurs effets.

Mais on sort alors de l'expérimental pour passer insensiblement à l'ésotérisme. On opère un changement de système de référence et de pensée, avec le risque de confondre les données, lorsqu'on utilise par exemple des notions de physique sur le registre symbolique : « transmatériel », « énergie pure ». Une telle extrapolation risque de faire illusion. La notion de « corps astral », sorte de double du corps physique dont il pourrait se détacher pour mener une vie autonome, relève de l'Esotérisme qui est un système philosophique et religieux d'explication du monde, et non de la science expérimentale.

On qualifiera par exemple la séparation de l'enveloppe physique et de la conscience, de « projection astrale ». On pourrait s'entraîner dès son vivant à une telle dissociation. La mort représenterait la séparation définitive du corps physique et du corps astral, passage d'autant plus aisé à accomplir que l'on se serait habitué durant sa vie terrestre à vivre sur l'un et l'autre plan. Analogiquement, le bouddhiste tibétain s'entraîne à faciliter l'instant du passage de la mort par la pratique assidue du Bardo Thôdol.

La mort correspondrait à la rupture du lien du corps astral avec le corps physique : du « cordon fluidique » qui est censé relier le décorporé à son enveloppe durant son voyage. Mais des « coques astrales » désemparées, déshabitées par l'esprit en attente de réincarnation, pourraient subsister encore un certain temps après la mort physique. On les verrait se manifester dans les séances de spiritisme et par elles le médium-voyant entrerait en contact avec la personne décédée.

La projection astrale, comme écrit L. Watson (in *Histoire naturelle de la vie éternelle,* Paris, Albin Michel, 1976) « n'exige qu'un seul article de foi : croire que nous sommes deux en un : qu'il y a donc le système somatique et un autre, que ce second système est habituellement rattaché au corps mais qu'il a la possibilité de le quitter dans certaines circonstances, de sorte qu'il peut arriver que nous sommes parfois véritablement en deux endroits à la fois ». Ce qui justifierait la succession des existences dans la transmigration. Mais on a noté l'expression « article de foi » : c'est que l'on est sorti du domaine de la preuve scientifique pour entrer dans l'adhésion croyante.

Chapitre IV

DES VISIONS DU MONDE CLAIREMENT IDENTIFIABLES

Pour comprendre les différentes théories de la réincarnation, il faut accepter de se dépayser quelque peu car elles sont liées à des Weltanschaung particulières, c'est-à-dire des manières globales de se représenter l'homme, le monde et l'histoire, propres à une culture et une civilisation données.

La réincarnation exprime une vision globale des choses

Des anthropologies différentes. — Il est difficile par exemple de la comprendre dans une conception anthropologique courante chez les Occidentaux qui réduit l'être humain à un composé binaire de deux éléments : le corps et l'âme. Cette anthropologie cartésienne qui a peu à voir avec la conception biblique de l'homme en Christianisme, apparaît comme bien courte pour comprendre certains phénomènes se situant à la charnière de l'âme et du corps. Aussi la plupart des courants ésotériques, inspirés souvent de l'Orient, proposent-ils une analyse plus fine des composants de la personne humaine, sur laquelle chacun est libre d'avoir son jugement. Nous l'avons déjà évoqué dans le schéma gnostique de la réincarnation. On parlera des corps astral, éthérique ou subtil. On distinguera avec l'Anthroposophie, l'âme individuelle de l'Esprit qui est transindividuelle. On distingue le *soma* (corps) de la *psyché,* du *nous*, du *pneuma*. Peu importe les analyses. Relevons seulement qu'une conception trop étroitement dualiste ne permet pas de comprendre les diverses théories de la transmigration et en particulier d'apprécier leur réponse à la question centrale : « Qu'est-ce qui se réincarne ? »

Suivant les civilisations, les religions et les cultures, l'homme peut apparaître par ailleurs comme un simple maillon de la chaîne de la vie, ou comme un microcosme résumant en lui-même tous les degrés de l'échelle des êtres, dans le sens de la Loi d'Emeraude de l'Hermétisme. Le temps peut être conçu comme historique et linéaire, ou comme cyclique et circulaire. La réincarnation représente ainsi une forme spécifique de croyance propre à un système religieux, physique et social donné. Elle est liée à un type particulier de réponse aux grandes questions sur le Sens de la vie et de la mort.

Suivant les modèles, sa vision des choses sera positive ou pessimiste. Pour l'Hindouisme, le Bouddhisme et le Platonisme, la réincarnation signifie un nouvel emprisonnement, douloureux, de l'âme. Chez les ésotéristes occidentaux par contre, elle représente comme une nouvelle chance pour l'homme. « L'esprit humain apparaît dans une vie comme une reproduction de lui-même, enrichie des fruits des expériences passées au cours de vies antérieures », écrit R. Steiner (*Théosophie,* p. 91). Et Annie Besant, théosophe : « Toute la vie change d'aspect quand la réincarnation devient une conviction profondément établie, supérieure à tout argument, à toute discussion. Chaque jour de la vie n'est plus qu'une page dans le grand drame de l'existence, chaque douleur n'est qu'une ombre flottante projetée par un nuage qui passe, chaque mort, l'abandon d'une maison usée. La vigueur d'une jeunesse éternelle commence lentement à pénétrer dans la vie qui s'éveille ; le calme d'une sérénité immense se pose au-dessus des vagues agitées de la pensée humaine » (*Réincarnation-Karma,* p. 99). Aussi dans la pensée occidentale, fondée sur la loi d'évolution sans régression, la réincarnation ne joue-t-elle que de corps d'homme à corps d'homme.

Etudions ces différentes visions du monde, quant à la situation de l'homme dans le cosmos, quant à la notion de temps, et quant aux réponses données aux questions sur le Sens.

Une cosmologie : l'homme simple maillon de la chaîne de la vie ?

Dans la perspective réincarnationiste l'homme apparaît comme un simple maillon de la chaîne de la vie, l'un des multiples éléments constituant le cosmos. Anne Philippe écrit de son mari Gérard après son décès : « Il s'est transformé, il est devenu des arbres et des fleurs ; les abeilles les butinent, elles font du miel, et nous mangeons du miel, et comme cela tout recommence » *(Le temps d'un soupir)*.

Les visions orientale et occidentale s'appuient toutefois sur des cosmologies différentes. Dans la perspective occidentale, on explique la réincarnation par les lois physiques. Les particules élémentaires de l'univers matériel obéissent à la loi de conservation de l'énergie : « Rien ne se perd, rien ne se crée dans le domaine de la matière : tout se transforme. » L'homme lui-même entre dans une chaîne de causes et d'effets où la disparition d'une configuration donnée — un minéral, une plante, un corps vivant —, donne naissance à une configuration nouvelle. A la mort d'un être vivant ses cellules se défont et se réorganisent en d'autres combinaisons physico-chimiques ou organiques. Le principe animateur est alors libéré, riche des énergies qu'il a amassées au cours de cette existence : pour donner naissance à un nouvel être vivant.

L'Orient. — Autre est la perspective orientale. Pour la comprendre, retournons à l'Inde et à sa vie quotidienne. Pour 700 millions d'Indiens, la vie — la survie — est liée au retour de la mousson. Chaque année ce vent chargé des condensations d'humidité de la surface de l'océan arrive du Sud-Ouest et les déverse en trombes d'eau sur le pays. On l'attend. On en dépend pour vivre. Son retour régulier marque le rythme profond de la vie. Il relie l'homme au cosmos.

Et si elle vient en retard ? Quand l'Ordre du monde est ainsi troublé la mousson apporte famine et mort au lieu de donner nourriture et vie. Or l'hindou depuis toujours, voit dans l'être humain comme un microcosme (un monde en réduction) lié au macrocosme (l'ensemble de l'univers). Le Dharma est cet Ordre du monde auquel tout doit se soumettre. C'est la Loi éternelle qui régit toute existence humaine. Quand un homme s'écarte de la norme, c'est l'harmonie de l'univers entier qui est menacée. De même quand la mousson est en retard, c'est a-normal : le Dharma est violé. D'où les rites et sacrifices propitiatoires pour éviter les transgressions personnelles qui troublent l'Ordre du monde. Car s'il y a quelque désordre dans le rythme de la nature, c'est le signe d'une faute de l'homme. Tout acte personnel, on le sait, produit un effet bon ou mauvais, un karma qui s'inscrit dans le cosmos au même titre que dans la vie de l'homme.

L'inspiration écologiste en Occident. — Cette perspective a de quoi séduire des écologistes occidentaux qui s'y trouvent spontanément accordés et se rejoignent au terme dans une vision des choses bien voisine par-delà les différences de cosmologie. Ils le sentent, ils le savent, ils le disent, même si c'est en d'autres termes : la civilisation moderne a rompu le Dharma et l'accord entre l'homme et la nature. Nos actes mauvais laissent leur trace dans l'environnement comme un karma collectif. Poubelles des déchets nucléaires, terre polluée à Tchernobyl, forêts dévastées en Allemagne : le karma cosmique s'accumule pour les générations à venir comme les immondices non dégradables après le passage des hordes de touristes : « Il faudra payer l'addition. »

L'inspiration écologique dans son discours met elle aussi en valeur le sentiment fort de n'être qu'un minuscule élément de l'immense Tout, un Tout dont l'énergie bat à chaque pulsation de nos veines, immergés que nous sommes dans l'Univers, enracinés dans la mère Terre. Elle rejoint le discours de l'Inde : « Le même fleuve de vie qui court nuit et jour à travers mes veines, court à travers le monde. »

Dans les civilisations anciennes d'ailleurs le cycle de l'homme et celui du cosmos sont toujours étroitement liés. Mort et renaissance marquent le rythme de la végétation qui meurt en hiver et renaît au printemps. D'où les multiples cultes antiques ou le dieu meurt et ressuscite — Adonis et Osiris, Dionysos et Athis —, au rythme des saisons. Au temps du printemps on plante « l'arbre de mai ». On fête la lune qui croît et décroît. Elle scande le rythme de la vie. On plante à la jeune lune et on récolte à la vieille. « De même que la lune meurt et revient à la vie, de même nous ressuscitons après la mort », disent les Indiens de Californie. Et au Nouveau-Mexique ils saluent à chaque aurore l'apparition du soleil sur la montagne : « Nous aidons quotidiennement notre Père Soleil à traverser le ciel, confiaient-ils à C. W. Jung. Nous agissons ainsi non seulement pour nous mais pour le monde entier. Si nous arrêtions nos pratiques, dans dix ans le soleil ne se lèverait plus. Ce serait la nuit à jamais. »

La parenté des rythmes de la nature et de la vie humaine incite alors comme naturellement à passer à la croyance en la métempsycose : « Peut-être étais-je un arbre ou un animal dans une vie antérieure ? » Ce qui fonde les pratiques végétariennes autant que les cultes de la nature. Des communautés écologiques ou néorurales en Occident ont réintroduit récemment cette croyance. A Findhorn en Ecosse, communauté-phare du New Age ou passent chaque année des milliers de personnes, on voue un culte aux dévas, divinités ou esprits habitant les plantes, on leur parle. On les invoque. Certains ne seraient-ils pas des êtres humains réincarnés ?

La Loi de la réincarnation dans le Grand Livre de la nature. — C'est que la Loi de la réincarnation est déjà inscrite dans le Grand Livre de la nature vivante, disent à leur tour les ésotéristes. La Kabbale fait de l'arbre le symbole de l'univers : « Toutes les créatures sont placées quelque part dans cet arbre, tantôt comme racine, tantôt comme écorce ou feuille ou fleur ou fruit. Toutes les existences ont leur place sur l'arbre de la Vie. A différentes époques de l'année, les feuilles, les fleurs et les fruits tombent de l'arbre. Ils se décomposent et deviennent un engrais qui est absorbé par les racines de l'arbre. Il en est de même des êtres. Quand un homme meurt, il est de nouveau absorbé par l'Arbre cosmique, mais bientôt il réapparaît sous une autre forme : branche, feuille, fleur », écrit O. M. Aïvanhov (*Œuvres complètes,* p. 12, p. 176).

De même le rosicrucien Max Heindel : « La terre s'éveillera-t-elle chaque année de son sommeil hivernal, l'arbre et la fleur vivront-ils à nouveau tandis que l'homme mourra ! La même loi qui éveille la vie de la plante pour une croissance nouvelle, éveillera l'homme pour de nouvelles expériences, pour un progrès ultérieur vers la perfection. C'est partout la spirale, avançant, montant, à tout jamais. »

Le retour de la croyance à la réincarnation en Occident tient ainsi à ce qu'elle apparaît aux yeux de plusieurs comme la seule doctrine qui situe l'homme à sa vraie place dans le cycle du grand Tout. Elle le responsabiliserait davantage à l'égard de l'avenir de la terre, comme héritier des cycles cosmiques du passé, et comme élément intégré de la chaîne de la Vie. Elle donnerait sa justification ultime au combat pour la défense de l'environnement : en rappelant que dans toute plante, dans tout animal il peut y avoir un être réincarné parcourant son cycle de renaissance. On peut noter la proximité de ce point de vue avec celui du Christianisme qui fonde pourtant sa foi sur la résurrection et non sur la réincarnation.

La vision spécifique du Christianisme. — Ce dernier exprime en effet avec la même force une attitude de respect sacral à l'égard de l'environnement. C'est la tradition spirituelle de saint François d'Assise chantant les éléments du cosmos dans le Cantique des Créatures, dont Teilhard de Chardin s'est fait le chantre contemporain. C'est la tradition biblique des « cieux nouveaux » et de la « terre nouvelle » : l'univers visible ne sera pas détruit, il sera renouvelé, pris dans le même mouvement de « résurrection de la chair » et de « vie éternelle » qui animera l'homme « mis debout » (« ressuscité ») par le Souffle de l'Esprit.

Mais la tradition biblique diverge aussi sur un point fondamental. Elle affirme en effet que si l'homme est issu du limon de la terre par son corps, il n'est pas un élément du cosmos matériel. Car il a reçu le Souffle même de Dieu qui l'appelle à la Vie et le fait à son image. Il « donne un nom » aux animaux, lit-on dans le Livre de la Genèse : c'est donc qu'il n'est pas l'un d'eux. Il est chargé de « cultiver et garder le Jardin d'Eden », c'est-à-dire le Cosmos, êtres vivants, minéraux, végétaux : il n'en est pas un simple élément. Il n'y a pas passage d'un règne à l'autre. Nous allons retrouver la même différence de vision des choses en ce qui concerne la notion de Temps.

Temps cyclique et temps historique

« Le grand battement de la vie des âges, c'est dans mon sang qu'il danse en ce moment », écrivait R. Tagore.

Fin du monde ou fin d'un monde ? — Or à l'âge où nous sommes aujourd'hui, une sorte de grande peur semble saisir les gens. Devant les menaces d'apocalypse nucléaire, les risques de conflagration entre les nations ou simplement les changements climatiques, plusieurs groupes religieux annoncent même la « fin du présent système de choses mauvaises ». Les Témoins de Jéhovah en sont spécialistes, refaisant consciencieusement leurs calculs à chaque prédiction erronée. Des communautés néorurales se préparent aux temps apocalyptiques en retournant à la Nature. Plusieurs lisent dans les astres les grands bouleversements liés au passage prochain de l'Ere des Poissons à l'Ere du Verseau et à l'entrée dans un Nouvel-Age du monde. L'approche de l'an 2000 réactive chez d'autres le mouvement de panique que l'on a voulu attacher aux « terreurs de l'an mil ». Mais toutes ces réactions se situent dans la perspective d'un temps linéaire courant au long de l'histoire du monde qui a eu un commencement et aura une fin. Alors que pour une partie importante de l'humanité, le temps est cyclique et circulaire : nous repasserions successivement par les mêmes âges et les mêmes états. C'est dans cette perspective que se situe la réincarnation suivant les religions orientales.

Un temps cyclique. — Selon l'Hindouisme nous arriverions à la fin de l'âge noir du Kali-Yuga, qui sera suivi d'une dissolution de l'univers. Le cosmos tournerait en effet autour de l'axe du pôle d'après un mouvement périodique perpétuel qui retraverse à chaque cycle les mêmes âges (tout comme le font les dieux). A la fin de chaque période, c'est la grande dissolution dans le chaos. Puis la réorganisation du Bon Ordre cosmique pour une nouvelle période qui court de l'Age d'Or à l'Age Noir, celui dans lequel nous nous trouvons présentement. A noter que certains ésotéro-occultistes contemporains de leur côté, se fondant en général sur l'astrologie, enseignent que les Périodes de l'histoire du monde désignées par le nom des planètes (période de Saturne ou Samedi, du Soleil ou Dimanche, de la Lune ou Lundi) se rapportent aux réincarnations successives de la Terre. Puisque suivant l'axiome d'Hermès qui nous est maintenant familier : « Ce qui est en haut est comme ce qui est en bas », le macrocosme (du cosmos) doit avoir ses incarnations au même titre que le microcosme (de l'homme).

La ronde des transmigrations n'est plus accablante dans cette perspective, puisque nous vivons dans un temps cyclique grâce auquel à chaque renaissance nous pouvons par notre conduite nous rapprocher de la délivrance finale, au terme de la purification.

Le temps historique. — En Christianisme il est bien question d'un temps de purification avant de connaître le bonheur éternel en Dieu. Mais celui-ci se situe au terme du temps linéaire de l'histoire de chaque vie, Dieu étant l'origine et la fin de chaque humain. Il y aurait une

« fin du monde », une « fin des temps » et non un retour cyclique de l'univers. Cette différence de doctrine s'est manifestée aux tout débuts du Christianisme. A l'encontre des philosophes grecs qui croyaient à la fois à l'éternel retour du monde et à la transmigration des âmes, les premiers Pères de l'Eglise s'inscrivent en faux : « Nous croyons à la résurrection future des corps, écrit Tatien au II⁰ siècle, quand les temps seront accomplis. Non à la façon des stoïciens qui s'imaginent sans aucune utilité des cycles au bout desquels les mêmes renaissent toujours après avoir péri. Mais, notre temps étant accompli, nous ressusciterons une seule fois et pour toujours » (*Contre les Grecs,* VI). Et Origène au III⁰ siècle, contre la théorie du « retour à chaque période des êtres tous semblables », reprend la comparaison utilisée par saint Paul pour montrer comment notre corps ressuscité, tout en appartenant au même homme, ne sera pas de même nature que notre corps sur la terre : « Comme du grain de blé (putréfié) se lève un épi, il y a aussi dans le corps un principe à partir duquel le corps surgit incorruptible » (*Contre Celse,* V).

Le Livre de la Genèse, premier livre de la Bible explique en effet sous forme imagée dès les premières pages de la Révélation judéo-chrétienne, que le temps a commencé un jour : avec la Création. Et le Livre de l'Apocalypse, dernier livre de la Bible, affirme que ce temps et cette histoire humaine se termineront avec le retour du Christ à la fin des temps. Entre les deux se déroule l'histoire du Salut, de l'Alliance entre Dieu et les hommes. Ainsi se joue l'histoire de notre propre alliance, diront les chrétiens : de la naissance à la mort, sans retour en arrière (cf. 1 Co 2, 9). On perçoit clairement que la conception de Dieu sous-jacente à la thèse de la réincarnation diffère de celle qui sous-tend la croyance chrétienne à la résurrection personnelle « à la fin des temps ».

Des conceptions différentes de Dieu. — Dans la perspective réincarnationiste en effet, Dieu n'intervient pas personnellement pour le salut de la personne humaine. Il est spectateur d'un processus qui relève d'une loi cosmique qui n'a pas besoin de son intervention, et qui peut se jouer d'ailleurs de manière cyclique aux rythmes de l'éternel retour : celle du Karma. Il n'entretient pas une relation personnelle avec chaque homme comme réalité unique, mais il crée des chaînes d'existences au long desquelles s'emboîtent plusieurs identités successives. Il porte intérêt aux parcours globaux plus qu'aux personnes individuelles.

Dans la perspective chrétienne par contre, Dieu entretient avec chaque être humain une relation de personne à personne, chacun comptant personnellement pour lui. On dit qu'il « sauve » toute l'humanité et chacun en tant que personne dans sa totalité de corps-âme-esprit, par un acte, une décision personnelle de renaissance à Sa vie éternelle : de résurrection.

En perspective de transmigration, on parle d'ailleurs plutôt du « divin » que de « Dieu », pour éviter de personnaliser celui-ci de manière trop anthropocentrique, mais aussi pour signifier qu'il y a une part d'impersonnel dans le Dieu cosmique. On retrouve ici la perspective gnostique où l'homme et le divin sont mutuellement intégrés, l'un portant une étincelle de l'autre et le représentant en quelque sorte dans le monde des hommes. La relation préférentielle entre Dieu et l'homme dans le judéo-christianisme sera la prière, relation avec le Tout-Autre qui est aussi le Tout-Proche. Dans le schéma réincarnationiste, c'est la méditation. Autre vision des choses là encore.

Une réponse spécifique
aux questions sur le sens

Les questions humaines fondamentales touchent toutes au sens de la vie : d'où venons-nous ? Où allons-nous ? Elles posent alors immédiatement la question du sens de la mort. Car c'est à la manière dont elle permet de l'affronter sereinement que se juge la valeur de toute théorie sur le sens de l'existence.

Aux yeux des tenants de la réincarnation, celle-ci fournirait la meilleure explication du sens de la destinée, et l'attitude la plus rassérénante face à la mort devenue un simple temps de passage, naturel et comme « dans l'ordre des choses ». Il importe d'entendre ici en direct ce genre de discours pour en saisir la symbolique et l'arrière-plan doctrinal, le signifiant et le signifié.

Apprivoiser la mort. — « La réincarnation est inscrite partout », écrit un représentant type des courants ésotéristes contemporains : « Le soir, pour vous coucher, vous vous déshabillez. Un à un vous enlevez vos vêtements. C'est le symbole de la mort. Tous ces vêtements que vous quittez représentent les différents corps dont vous devez vous libérer les uns après les autres. D'abord le corps physique. Puis une semaine ou deux après le corps éthérique. Ensuite le corps astral — ce qui est beaucoup plus long parce que dans le corps astral sont entassés les passions, les convoitises, les sentiments intérieurs. C'est cela l'enfer : les plans astral et le plan mental inférieur où l'on doit rester quelque temps pour se purifier. Ensuite vous vous libérez du corps mental, et là commence le paradis avec le premier ciel, le deuxième, le troisième : la tradition rapporte qu'il y en a sept. Ce n'est qu'après s'être complètement dépouillé qu'on entre "tout nu" dans le septième ciel : purifié, sans entrave. » La réincarnation est la démarche inverse :

« Le matin c'est le retour de l'homme sur la terre, la naissance de l'enfant. On reprend les vêtements, le tricot, la chemise, la veste. Quand l'enfant revient sur terre il s'habille d'abord de ses corps subtils, jusqu'au corps mental, au corps astral, au corps éthérique et enfin au corps physique » (O. M. Aïvahnov, *Œuvres complètes,* t. XII, p. 170-171).

Un disciple de la Théosophie s'exprime sur un registre voisin dans le cadre de la même anthropologie : « La mort n'est pas une épreuve douloureuse en soi. C'est un processus très doux, comme un glissement de barque sur l'eau. L'esprit est attaché au corps par une cordelette d'argent fixée en six points, dont le foie, le cœur, le plexus solaire, le sinus frontal. Elle se rompt au moment de la mort. Mais on peut très bien percevoir les auras des morts. Le corps vital flotte au-dessus d'eux. On distingue souvent dans les cimetières à la tombée de la nuit, un nuage formé bizarrement. C'est le corps vital de l'individu flottant au-dessus du cadavre après la rupture de la cordelette. C'est pourquoi il ne faut pas incinérer les morts ou les enterrer trop vite. Il faut laisser au corps physique le temps de se désintégrer en même temps que le corps vital. Cette libération peut durer trois ou quatre jours selon la facilité avec laquelle l'âme a pu s'échapper du corps. »

Le rosicrucien Max Heindel précise que « l'instant où la corde d'argent se brise est de la plus grande importance pour l'ego ». Il faut absolument éviter « d'exprimer sa douleur par des lamentations bruyantes » auprès de celui qui est en train de se délivrer de son corps (*Cosmogonie des Rose-Croix,* p. 115).

Arnaud Desjardins va plus loin : « Les dernières pensées du mourant au moment de la mort déterminent son statut après celle-ci, et éventuellement sa nouvelle incarnation sous forme humaine, ou son état posthume dans un paradis, un enfer ou un purgatoire.

Pendant trois jours, l'attitude de ceux qui entourent le mort peut l'aider, à condition qu'elle soit positive et non pas une suite de lamentations qui ne peuvent que le perturber encore davantage » (*Pour une mort sans peine,* p. 72-73).

Une étape et un relais d'une existence à l'autre. — Chacune de ces descriptions représente une tentative fondée pour apprivoiser la perspective traumatisante de la séparation.

L'idée d'un univers cyclique où l'on va de la vie à la mort et de la mort à la vie sans rupture véritable, est moins perturbante que celle d'une cassure sur une existence linéaire. La mort n'est alors que l'un des états de la vie, un passage, un relais d'une étape à une autre, d'une existence à une autre. Ce qui domine, c'est le sentiment d'un Tout qui ne se désagrège pas quand ses parties se métamorphosent. Comme la terre entrée en sommeil se réveille et fait renaître le grain enfoui qui semblait mort.

En transformant la mort en technique de libération, en la définissant comme un moment nécessaire du cycle de la vie et de l'éternel retour, on atténue son caractère brutal et inévitable. Mourir, pour le bouddhiste ou le brahmane, c'est quitter la surface apparente des choses, l'illusion, pour retrouver au terme la plénitude de Brahman.

Une croyance commune à la réincarnation assure de même la continuité de la vie sociale. La mort n'est qu'une étape transitoire. Une étape enrichissante, puisque les vieillards renaissent en nouveau-nés. Elle assure le lien entre l'Ici-bas et l'Au-delà.

Dans certaines ethnies d'Afrique noire, c'est dans leurs petits-enfants que les grands-parents se réincarnent : ces morts-renaissances sont comme une négation permanente de la mort. On voit l'aspect apaisant de la croyance pour le groupe et pour l'individu : j'envisage plus sereinement la perspective de ma fin qui approche quand j'ai la certitude d'une nouvelle vie au sein de ma propre famille. Aussi le primitif qui croit en la métempsycose a-t-il moins peur de la mort parce qu'il accorde moins d'importance à la personne en tant qu'individu. Le défunt sera remplacé, reviendra sous une autre forme.

Alors que dans nos sociétés industrielles contemporaines, on n'envisage pas un remplacement automatique du défunt. D'où le traumatisme. On tente de nier la mort : technique de la thanatopraxie, de la cryogénisation (comme une mort en espoir de survie); ou de la cacher : gommage de la mort à l'hôpital. Mais il est difficile de l'exorciser totalement. Le retour de la croyance à la réincarnation exprime encore une fois une tentative pour introduire une nouvelle conduite rassurante devant l'inéluctable refusé. Et pour envisager une autre dimension de l'existence. Est-ce pour cette raison que certains de nos contemporains y adhèrent, dans un goût de rêve d'ailleurs plus qu'avec la fermeté d'une conviction assurée : « On y croit et on n'y croit pas... » ? Nous avons énoncé en introduction quelques remarques d'ordre général. Précisons maintenant en quoi cette aspiration relève d'une sensibilité religieuse spécifique à notre époque, en tant que réponse aux questions sur le sens. Car tout question sur le sens est en germe une question religieuse.

Envisager une autre dimension de l'existence. — Cette conviction a aidé, de fait, des gens enfermés dans l'univers clos d'un certain matérialisme, à découvrir une autre dimension de la vie et à trouver un nouveau dynamisme. Lorsqu'ils se sont posé la question de l'après-vie, à l'occasion d'un deuil par exemple : « Je suis un élément d'une histoire de la vie qui a commencé avant moi, se poursuivra après que j'ai joué ma partie, et quelque chose demeurera. » Elle ouvre l'horizon à une survie, à un Au-delà qui colore notre existence d'ici-bas. Elle donne le sentiment que les morts, surtout ceux de nos familles, ne disparaissent pas pour toujours dans la grisaille de l'oubli, mais vivent à jamais avec nous, riches de leur expérience passée.

Notons toutefois que lorsqu'elle est présentée comme un système d'explication universelle fonctionnant en solution bouche-trou de problèmes insolubles, elle risque aussi de friser l'odieux. Les enfants morts-nés seraient ainsi aux yeux de certains, « des esprits qui ont changé d'avis en s'apercevant que le couple choisi ne leur permettait pas d'atteindre le but visé en se réincarnant ».

En pays d'ancienne chrétienté, la croyance à la transmigration est née aussi dans le vide laissé parfois par une trop grande discrétion des Eglises à parler des « fins dernières », de la résurrection de la chair, du jugement, de la vie éternelle. On a laissé sans réponse claire des questions qui ne sont pas de pure curiosité : que se passe-t-il après la mort, pour notre esprit ? Pour notre corps ? Pour le cosmos ? Alors que la réincarnation offre à première vue des perspectives claires et consolantes : la série des existences est infinie, il reste toujours des chances d'être heureux dans l'avenir, rien n'est définitivement réglé. A la différence du Christianisme où l'on n'a qu'une destinée terrestre et une seule, strictement enclose dans la durée d'une seule histoire.

Le problème de la rétribution, du mal, de la responsabilité personnelle. — Pourtant rétorquera-t-on, le Christianisme parle bien d'un Au-delà où Dieu rétablit la justice pour ceux qui n'ont pas eu leur compte de bonheur durant cette vie ? Oui, certes, mais pour certains le bonheur dans l'Au-delà n'a pas la même qualité. Et, disent-ils, c'est dans la vie qu'on a manqué et mal vécu, cette vie terrestre, qu'il faut remettre le travail sur le métier : le *même* métier, mais en mettant à profit la nouvelle chance donnée.

A leurs yeux la croyance à la réincarnation fait alors cesser le scandale du mal. Si quelqu'un souffre beaucoup dans cette vie, voire injustement, c'est qu'il a une lourde dette à payer, d'une existence antérieure : « C'est normal, c'est son destin. » Mais il acquiert aussi par là les bons atouts pour une nouvelle partie à jouer, gagnante cette fois, dans une vie à venir.

Elle permet à l'imagination de vagabonder : qui étais-je dans une existence antérieure ? Quels stades d'existence vais-je poursuivre tout au long du cycle cosmique ? Abandonner son corps comme un vêtement usé pour en prendre un autre neuf a bien du charme. Et s'insérer dans la ronde des existences à un certain point de l'évolution de l'humanité, semble nous enrichir à chaque naissance de tout le capital spirituel, moral et intellectuel accumulé depuis les origines.

Croire à la réincarnation responsabiliserait enfin chacun par rapport à ses actes puisqu'il faudra « régler l'addition ». Aucun faux-fuyant n'est possible. Il n'y a pas à attendre de pardon extérieur comme en Christianisme. Chacun doit assumer l'intégralité de ses œuvres, et devient du coup son seul et propre juge.

Evaluer la pertinence des arguments avancés. — En finale il peut être utile d'apprécier la validité de cet ensemble d'arguments. L'hypothèse de la réincarnation en Occident reflète les convictions exaltantes du siècle des Lumières : foi en la capacité de l'humanité de poursuivre sans fin sa progression ascendante grâce à la Science et au Progrès, affirmation de l'autonomie du moi apte à se construire lui-même et de manière responsable sans référence obligée à la religion, croyance à un Ordre cosmique des lois de la Nature. La réincarnation à la moderne serait un enseignement plus éclairé que celui du Christianisme, répondant de manière plus satisfaisante aux grandes questions de l'humanité et valorisant au mieux la personne humaine en lui offrant un enseignement universellement reconnu et hautement spirituel : « Il n'y eut jamais croyance plus belle, plus juste, plus morale, plus féconde, plus consolante et jusqu'à un certain point plus vraisemblable », écrit avec enthousiasme Maurice Maeterlinck (*La mort,* p. 168-169). Mais ajoute-t-il aussitôt, « la qualité d'une croyance n'en atteste pas la vérité ». On ne peut dire mieux.

C'est, dit-on en effet, une explication simple au problème du mal. Et certes la perspective de la transmigration confère du sens aux situations de souffrance, comme punition d'une précédente incarnation et comme occasion d'un progrès dans l'évolution personnelle. Mais le problème de l'incarnation des âmes à l'origine dans un monde de souffrance, n'est pas résolu pour autant, on l'a noté. Il est simplement reculé dans un passé un peu plus éloigné. A la limite, dans leur désir de tout expliquer, certains avanceraient même des explications guère recevables, quand ils expliquent l'homosexualité par une réincarnation trop rapide d'une personne du sexe opposé, la naissance d'un enfant handicapé par une faute antérieure de ses parents, ou une mort violente par un assassinat commis antérieurement par la victime.

C'est une perspective valorisante de la personne humaine, ajoutera-t-on, puisqu'elle invite chacun à se sentir responsable personnellement de son destin, à refuser la fatalité en choisissant par ses progrès son propre sort. Et ceci est fort pertinent. Mais on peut se demander aussi si la personne gagne à être diluée en de multiples existences successives. De même chacun est appelé, dira-t-on, à être responsable du destin de l'humanité et partie prenante de toute son évolution puisqu'il sait en avoir parcouru toutes les étapes sous leurs différents aspects, et avoir appartenu à des races, des nationalités, des cultures différentes. Il faut noter toutefois que le programme d'évolution à travers les différentes existences couramment reçu chez les occidentaux, voit toujours dans la culture occidentale moderne le sommet d'un développement simplement ébauché dans les sociétés primitives considérées comme inférieures et non évoluées. En même temps qu'on affirme le refus de tout préjugé raciste ou sexiste, on réintroduit parfois une subtile hiérarchie des sociétés au bénéfice de l'Occident moderne.

Bref, la croyance à la réincarnation qui est loin d'être médiocre, apporte en un premier temps une bouffée d'espérance. Mais est-elle fondée sur le besoin subjectif d'un Au-delà et d'une justice compensatrice, ou sur la réalité objective des choses ? N'y aurait-il pas d'autres hypothèses ? Or voici que dans l'Occident marqué par le fait chrétien, elle est appelée inévitablement à rencontrer la croyance à la Résurrection. Comment s'en expliquera-t-elle, et de cet affrontement va-t-il jaillir quelque lumière ?

Chapitre V

RÉINCARNATION ET RÉSURRECTION

L'affrontement de deux croyances

A la loi cosmique de la réincarnation, le Christianisme oppose la promesse divine de la résurrection. Elle est ancrée dans les écrits fondateurs du Christianisme et en particulier dans l'Evangile de Jean : « Dieu a tant aimé le monde qu'il a donné son Fils unique pour que tout homme qui croit en lui ne périsse pas mais ait la vie éternelle » (Jn 3, 16). Et ce, par la résurrection de l'homme en son entier, corps, âme et esprit : « Je suis la résurrection et la vie, dit Jésus, quiconque vit et croit en moi ne mourra jamais » (Jn 11, 25).

Voici d'abord l'exposé des convictions et arguments majeurs de cette doctrine, tels qu'ils sont exprimés par la théologie classique, spécialement dans la confession catholique.

Au terme de notre existence terrestre, Dieu nous ressuscitera, chacun personnellement, comme il a ressuscité son Fils. Dieu aime en effet chacun d'un amour personnel. Il nous connaît par notre nom, notre nom propre. Nous ne sommes pas une collection de destinées enfilées en chapelet au long du cycle des renaissances et destinées à mourir à chaque étape, serait-ce pour renaître. Car la mort a été définitivement vaincue par le Christ en sa Passion-Résurrection. Il nous a délivrés et de la mort, et de l'obligation de nous réincarner pour mourir à nouveau.

Par sa Passion-Résurrection, Jésus nous ferait échapper à la rigide loi du karma. Il instaure la loi de l'amour qui pardonne. Nous ne sommes pas soumis à un Dharma impersonnel, à un Ordre cosmique nous imposant rigidement de « payer jusqu'au dernier sou ». Car par sa Passion Jésus a payé toute la dette, définitivement. Sans qu'il soit besoin d'essayer d'apurer un peu plus l'addition à chaque existence. Nous serions certes appelés à nous perfectionner sans cesse : c'est la loi de la vie. Mais non par des réincarnations successives : par la fidélité d'un amour qui nous rapproche chaque jour de Dieu et de sa perfection.

A la résurrection nous connaîtrions une nouvelle forme de vie. Mais ce ne serait pas une autre existence ; ce serait une existence devenue autre, sous des « cieux nouveaux » et sur une « terre nouvelle ». Nous connaîtrions une existence corporelle ; mais ce ne serait pas dans un nouveau corps. C'est notre corps d'aujourd'hui, « compagnon d'éternité », qui deviendrait nouveau. Le corps en Christianisme n'est pas en effet un vêtement qu'on abandonnerait pour en prendre un autre. Ce n'est pas un élément négatif de notre être qu'il faudrait nier et réduire progressivement comme s'il était indigne de coexister avec Dieu dans la vie éternelle. Ce ne serait pas une réalité purement provisoire et à dépasser. Il fait partie de notre humanité : celle d'une personne aimée de Dieu comme un être unique. Aussi la résurrection à la fin des temps ne serait-elle pas la réanimation d'un cadavre qui aurait à retourner dans le monde pour y parcourir un nouveau cycle d'existence. Ce serait le geste d'amour de Dieu qui réaliserait en nous ce qu'il a réalisé en son Fils Jésus lorsqu'il l'a « mis debout », « ressuscité » au matin de Pâques, et en son propre corps.

La résurrection se réaliserait pleinement « à la fin du monde » c'est-à-dire lorsque le bilan du monde ancien sera définitivement dressé, clos pour toujours. Et alors le nouveau monde commencerait.

Ce ne serait pas une addition de nirvânas individuels, mais un événement collectif qui transformerait l'humanité tout entière en en faisant un grand corps : celui de Jésus lui-même, le « Corps Mystique » suivant l'enseignement de l'apôtre Paul, un des fondateurs de la théologie chrétienne.

D'ailleurs la fin des temps est déjà commencée, dit la Tradition mystique en Christianisme ; dès aujourd'hui nous pourrions vivre « en ressuscités ». Dès ici-bas nous pouvons construire efficacement notre Au-delà, expliquent les spirituels chrétiens, aux yeux desquels la croyance en la réincarnation semblerait s'accompagner parfois d'une sorte de résignation, de passivité devant l'ordre du monde et des choses comme l'exprime la loi du Dharma. Une partie essentielle de la destinée y semble jouée d'avance : celle qui nous est impartie par notre place actuelle dans le cycle des renaissances. Alors que la perspective résurrectionniste inviterait au combat. C'est notre vie d'ici-bas qui s'épanouirait un jour dans la vie de l'Au-delà, une plénitude de vie éternelle, selon l'Evangile de Jean 11, 26 : « Celui qui croit en moi, même s'il meurt, vivra » ; et non un nirvâna d'extinction de la personne.

Cet aspect personnel de la destinée est mis à nouveau en valeur par l'affirmation que dès aujourd'hui nous serions en communication personnelle avec ceux qui nous ont précédés dans l'Au-delà. C'est la « communion des Saints » du credo chrétien telle qu'elle est interprétée par la théologie catholique. Il ne s'agit pas, dit-on, d'une intrusion indiscrète dans nos vies de désincarnés en attente de réincarnation, comme le veut le spiritisme. Ni de la possession d'un vivant par l'esprit d'un mort, comme dans le chamanisme ou le vaudou, car aucun vivant n'est le prête-nom d'un mort. Il s'agirait d'une solidarité profonde entre les vivants d'ici-bas et ceux de l'Au-delà, fondée sur la médiation de Jésus-Christ, « Seigneur des vivants et des morts » selon le Nouveau Testament.

La perspective de la réincarnation à première vue ne semble donc pas conciliable avec celle de la résurrection selon le Christianisme traditionnel. Mais cette affirmation est mise en doute par plusieurs réincarnationistes pour lesquels Jésus déjà croyait à la réincarnation et l'aurait même enseignée en secret, enseignement occulté par la suite par l'Eglise officielle. Certains laissent entendre qu'il était lui-même la réincarnation de grands personnages du passé. Ouvrons ici le dossier scripturaire et historique de la rencontre du Christianisme avec la doctrine de la réincarnation.

Le Christianisme et la doctrine de la réincarnation

« Dans les milieux chrétiens des premiers siècles, la doctrine de la réincarnation qui n'a aucun appui dans les Ecritures (quoiqu'on ait pu parfois en dire), n'a été soutenue par personne ». Tel est le point de vue du *Dictionnaire des religions* (PUF). La chose est complexe : « Clément d'Alexandrie aurait, selon certains, accepté la notion de préexistence des âmes. Mais selon d'autres, il ne s'est pas expliqué à ce sujet. Par contre il est certain qu'Origène admet la création des âmes de toute éternité et parle pour elles d'épreuves successives tout en admettant la doctrine chrétienne de la résurrection des corps. »

Mais le Synode de Constantinople en 553 condamne la position selon laquelle les âmes des hommes préexisteraient, au sens où « elles étaient auparavant des esprits et saintes puissances qui, lassées de la contemplation de Dieu auraient été envoyées dans des corps pour leur châtiment ». Vingt ans plus tard le Concile de Braga condamne de même la position de ceux pour qui « les âmes humaines auraient péché dans les demeures célestes et auraient été précipitées dans des corps humains ».

Ce n'est donc pas exactement la transmigration selon l'hindouisme qui se trouve condamnée. Celui-ci n'enseigne aucunement la préexistence au cieux d'un ensemble d'âmes qui auraient péché. Mais globalement, la pensée occidentale marquée par le Christianisme apparaît comme difficilement compatible avec la croyance à la réincarnation. Excepté à la Renaissance, où avec la redécouverte de l'Antiquité, certains philosophes revinrent à la théorie platonicienne de la transmigration des âmes : Paracelse, Giordano Bruno, Jacques Boehme. Et c'est seulement au XIXe et XXe siècle que l'Europe et l'Amérique en réactualisèrent le thème dans les cercles théosophes, spirites et dans différents groupes ésotériques.

Jésus croyait-il à la réincarnation ? — Mais en Occident il faut tenir compte du fait chrétien. Or cette croyance n'entre pas plus dans le corpus doctrinal des Eglises que dans celui des autres religions monothéistes, le Judaïsme et l'Islam. Les tenants de la réincarnation sont donc amenés à remonter jusqu'au fondateur du Christianisme, pour montrer d'abord qu'elle n'était pas ignorée du temps de Jésus, qui ne s'y serait pas opposé parce qu'en fait il y adhérait, ensuite qu'elle faisait partie de son enseignement originel. Certaines des questions de son entourage et de ses propres réponses s'interpréteraient ainsi aisément dans la perspective de la réincarnation. L'idée du karma par exemple serait évidente dans son enseignement : « On récolte ce que l'on a semé », on aura donc à « payer la dette jusqu'au dernier sou ».

Comment expliquer alors le silence apparent des textes canoniques sur ce point de doctrine ? D'une part parce que la Bible et plus particulièrement l'Evangile primitif, répondent les ésotéristes, a été falsifié dès les origines par le clergé. Les mentions de la réincarnation en particulier y ont été supprimées, l'Eglise voulant assurer son emprise sur les consciences et faire échec à l'idée que tout homme est responsable de lui-même dans la réalisation de sa propre divinité. Cet argument était déjà développé chez les polémistes antichrétiens des premiers siècles.

Ensuite parce que toute religion comporte un côté caché. L'Evangile nous montre Jésus tenir à la fois un discours officiel à la foule et réserver l'explication des mystères au cercle intime des disciples. L'enseignement de la réincarnation faisait partie de ces doctrines secrètes. Il est donc évident qu'on en retrouvera aucune trace écrite, pas plus que l'on n'a de documents sur la doctrine, transmise par voie orale, de Pythagore ou des Druides.

Au temps de Jésus, par ailleurs, poursuit-on, plusieurs sectes s'affrontaient sur les problèmes de l'Au-delà. Les Sadducéens niaient la résurrection des corps, tandis que les Esséniens et les Pharisiens auraient adapté la théorie de la réincarnation à la foi juive. De fait, au témoignage de Flavius-Josèphe (*Guerre des Juifs,* III, 374, chap. 25), ces derniers en avaient quelque connaissance. Mais, après la découverte des manuscrits de Qumrân, on ne suggère plus aujourd'hui comme au siècle dernier que les Esséniens aient été marqués par les doctrines de l'Orient sur ce point. On en trouverait trace toutefois par la suite dans la Kabbale juive, spécialement le Zohar. Car l'idée du retour des prophètes était vivante parmi les juifs.

Mais, expliquent les ésotéristes, les luttes d'influence entre communautés et sectes chrétiennes rivales ont joué dès la mort du Christ. On en aurait le témoignage direct dans la bibliothèque gnostique découverte à Nag-Hammadi en Egypte.

Celle-ci permet de déchiffrer les oppositions entre ceux qui s'affirment les purs dépositaires du message, le fondant sur l'autorité de la succession apostolique, et ceux qui leur contestent ce monopole. Le gnostique Valentin par exemple, qui se réclame de Paul, enseigna clairement la réincarnation. De même quelque temps plus tard Origène, dans lequel on aurait un excellent modèle de réincarnation compatible avec la foi chrétienne primitive. Et parmi les Pères de l'Eglise qui auraient subi sur ce point l'influence d'Origène, on met couramment saint Grégoire (l'Illuminateur), Lactance, saint Grégoire de Nysse, saint Augustin, Synésius, Némésius. Allan Kardec le père du spiritisme puisera dans l'origénisme la notion d' « esprits » gardant leur libre arbitre tout au long de leur pérégrination à travers les mondes qu'ils visitent.

Les textes réincarnationistes dans l'Evangile. Le retour d'Elie. — Mais c'est de toute évidence l'Evangile qui doit fournir la majeure partie des arguments réincarnationistes avec Jn 3, 3, Mt 16, 13 à 14, Lc 9, 7 à 9, Jn 1, 20 à 31 (cf. Mt 17, 10 à 12, Mc 9, 12 à 13, Lc 1, 15, Jn 9, 1 à 9). Encore que si Jésus croyait à la réincarnation comme à une réalité d'importance, il semble qu'il aurait dû en parler beaucoup plus longuement et clairement que ce que l'on décèle dans ces quelques textes assez allusifs et énigmatiques.

La première série des citations invoquées concerne le retour du prophète Elie (VIIIe siècle av. J.-C.) dont les juifs pensaient qu'il n'avait pas connu la mort, ayant été enlevé au ciel sur un char de feu, et qu'il devait revenir à la fin des temps pour rétablir toutes choses et les remettre en ordre avant le retour du Messie. Or Jésus compare (Mt 11, 12 à 14) Jean-Baptiste, précurseur de ce même Messie, au prophète Elie : « Tous les prophètes et la Loi ont prophétisé jusqu'à Jean ; et, si vous voulez le comprendre, c'est lui l'Elie qui devait venir. » Il le redira à nouveau dans Mt 17, 10 à 13 (cf. Mc 9, 1 à 13) : « Il est exact qu'Elie doit venir et rétablir toutes choses. Mais je vous le dis, Elie est déjà venu et (les scribes) ne l'ont pas reconnu... Les disciples comprirent alors qu'il leur parlait de Jean-Baptiste. » Pour qui est convaincu que Jésus croyait à la réincarnation, ces textes laisseraient entendre clairement qu'il reconnaissait dans Jean-Baptiste la réincarnation du prophète Elie. Mais en fait, aux yeux de Jésus pétri de la tradition biblique, Elie n'était pas mort, il ne pouvait donc s'être réincarné. D'ailleurs dès les premières lignes de l'Evangile de Jean, Jean-Baptiste lui-même nie explicitement être Elie : « Les prêtres et les lévites venus de Jérusalem lui demandent : "Qui es-tu ? Es-tu Elie ?" ; il répondit : "Je ne le suis pas" » (Jn 1 à 21). Par contre l'allusion est claire au fait que Jean-Baptiste était le prophète que cette même tradition attendait comme le nouvel Elie (cf. Lc 1 à 15).

Les exégètes font la même remarque en ce qui concerne les passages portant sur l'identité de Jésus (Mc 6, 14 à 15 ; Mc 9, 1 à 13) et que présente en ces termes un ésotériste, le Maître de la Fraternité blanche universelle : « Un jour Jésus demande à ses disciples : Qui dit-on que je suis ? Pour poser une telle question, il faut croire à la réincarnation. Et que répondent ses disciples ? "Les uns disent que tu es Jean-Baptiste, les autres Elie, les autres Jérémie ou l'un des prophètes." Mais comment peut-on dire que quelqu'un est tel ou tel qui a vécu bien longtemps auparavant si l'on ne croit pas à la réincarnation ? » (O. M. Aïvahnov, *Œuvres complètes,* t. XII, p. 161 s.). Mais replacé dans le contexte de l'enseignement de Jésus sur son identité propre, qu'il reprit plusieurs fois et avec grande fermeté, le passage n'offre aucune ambiguïté.

La nouvelle naissance et l'aveugle né. — Une deuxième série de textes s'appuie sur les enseignements du Rabbi de Nazareth concernant la « nouvelle naissance » du croyant. Il répond en effet au pharisien Nicodème (Jn 3, 3) : « Si un homme ne naît de nouveau, il ne peut voir le Royaume de Dieu. » Cette « nouvelle naissance » (cf. Jn 3, 5, 8 ; 1 P 1, 3, 23 ; Tite 3, 5) est-elle le fruit d'une transmigration des âmes ? Certes il y a bien là un « changement » pour la personne, mais dans la perspective d'ensemble des textes de l'évangéliste Jean, elle concerne une renaissance spirituelle, provoquée par l'Esprit et liée au baptême de régénération, et non une réincarnation corporelle. « Renaître de nouveau » fait référence à la conversion comme porte d'entrée dans le monde nouveau que Jésus annonce (cf. de même Sg 8, 19 à 20 ; Mt 17, 11 à 12 ; Mc 6, 14 à 16 ; Mc 8, 27 à 30 ; Jn 9, 1 à 2).

Un autre texte est plus délicat. Jésus rencontre un aveugle de naissance (Jn 9, 1 à 9). Ses disciples l'interrogent : « Rabbi, qui a péché pour qu'il soit né aveugle : cet homme ? ou ses parents ? » Et Jésus de répondre : « Ce n'est pas que lui ou ses parents aient péché ; mais c'est afin que les œuvres de Dieu soient manifestées en lui. Pendant que je suis dans le monde, je suis la lumière du monde. » La question des disciples porte sur un éventuel rapport de cause à effet entre une faute et une infirmité. Ne serait-ce pas le fruit d'un karma de l'aveugle remontant à une vie antérieure ? En fait, on le voit, Jésus refuse ici clairement un type d'explication où le mal du corps serait lié à un mal moral préexistant. Et la pointe de son enseignement est ailleurs : comme lumière du monde, il affirme apporter le salut à tout homme quel que soit son état.

Dernier texte fréquemment appelé à preuve de la croyance à la transmigration chez l'un des théologiens du Christianisme, l'apôtre Paul : « Ce que l'on sème, on le récolte » (Ga 6,7). N'est-ce pas l'affirmation claire de la loi du karma ? En fait le contexte ne permet pas de voir dans la nécessaire conséquence de nos actes une doctrine qui ferait renaître l'homme à une nouvelle vie terrestre (cf. également Rm 6, 20 à 23). Paul enseigne au contraire toujours que le fruit de l'action spirituelle est la vie éternelle comme don gratuit de Dieu (cf. Ga 6, 8 ; Rm 6, 22-23) sans nécessité d'une nouvelle incarnation pour apurer par ses propres forces le poids d'un karma antérieur.

Il n'est donc dans le Nouveau Testament aucun texte affirmant la transmigration des âmes. Mais il n'est aussi aucun texte la condamnant explicitement. Et la réponse à la question de la compatibilité du Christianisme avec la réincarnation ne peut relever d'une analyse exégétique ponctuelle, mais seulement d'une étude doctrinale globale : la transmigration est-elle en accord avec la vision de Dieu et de l'homme qui constitue la foi chrétienne selon ses textes fondateurs et sa Tradition ?

L'affirmation de la résurrection dans les textes fondateurs. — « Je suis la résurrection et la vie dit Jésus. Qui croit en moi, fut-il mort, vivra. Et quiconque vit et croit en moi ne mourra jamais » (Jn 11, 25 à 26). L'affirmation de la résurrection de Jésus fonde dès les origines la foi des disciples en la résurrection de la « chair » c'est-à-dire de la personne toute entière, et de manière définitive. La foi en la résurrection du corps en particulier est essentielle au Christianisme. Jésus, rapportent les textes du Nouveau Testament, est apparu à ses disciples avec son propre corps historique tel qu'il l'ont vu et approché sur les chemins de Judée et de Galilée. Un corps marqué par les traces des coups et de la lance, rigoureusement identifiables par Thomas qui touche de sa main ces traces-signatures (Jn 20, 24 à 29). De même pour nous, dit la tradition spirituelle en Christianisme, « lorsqu'à la mort nous comparaîtrons devant le Seigneur, tout comme au Jugement dernier lorsque les comptes de l'histoire seront définitivement apurés, c'est bien avec notre enveloppe charnelle, transfigurée certes mais marquée par les blessures historiques de notre vie concrète, que nous nous présenterons » (O. de Dinechin). Et il n'y aurait pas alors de session de rattrapage ; nous disposerions totalement mais uniquement d'une seule vie et d'un seul corps pour accomplir notre destinée.

« Elle est sûre cette parole, écrit Paul à son disciple Timothée ; si nous sommes mort avec lui, avec lui nous vivrons. Si nous tenons ferme avec lui, avec lui nous régnerons » (2 Tm 2, 11 à 12). Cette résurrection n'aura lieu qu'une fois car « le sort des hommes est de mourir une seule fois » (Hb 9, 27). Aussi « ni la mort, ni la vie, ni anges, ni principautés, ni présent, ni avenir, ni puissances, ni hauteurs, ni profondeurs, ni aucune créature ne pourront nous séparer de l'amour de Dieu » (Rm 8, 38 à 39).

C'est l'entrée dans la vie définitive, dite « éternelle ». Dieu sauverait ainsi l'homme d'un seul coup par la Passion-Résurrection de Jésus, non par petites touches au long d'une série indéfinie d'existences terrestres. Car, encore une fois, pour la Bible chaque homme est unique. Nous touchons ici à l'enseignement direct de Jésus de Nazareth. Vingt-cinq ans à peine après sa mort, Paul dans la 1re Lettre aux Corinthiens, affirme avec force la résurrection définitive de tous les morts à l'image de la résurrection définitive de son Seigneur. Cette affirmation allait tellement à contre-courant de la pensée antique, que l'apôtre essuiera des refus cinglants : auprès des Grecs, à Athènes (Ac 17, 32), auprès des Romains, devant le procurateur Festus (Ac 26, 24).

La tradition du Christianisme s'oppose globalement à l'idée de réincarnation . — C'est donc pour des raisons profondes tenant à l'enseignement du Nouveau Testament et à une certaine cohérence doctrinale que dans la suite l'Eglise chrétienne en sa tradition constante n'a pas accepté la croyance aux existences successives, même si de petits groupes de croyants fervents mais marginaux ont essayé de l'intégrer à leur foi. Les réincarnationistes contemporains ne sont toutefois pas d'accord avec cette analyse. Pour eux l'Eglise primitive aurait bel et bien admis la réincarnation, jusqu'au Concile de Constantinople II en 553, mais un clergé jaloux de ses pouvoirs aurait réussi à éliminer cette croyance, à la fois par ignorance et étroitesse d'esprit. Qu'en penser?

Certes, la croyance platonicienne et pythagoricienne à la métempsycose alliée à un certain refus du monde matériel, a été enseignée par des gnostiques chrétiens. Mais dans leurs controverses avec les écrivains païens proposant d'autres conceptions de l'après-vie, les premiers Pères de l'Eglise défendaient avec vigueur la résurrection comme doctrine centrale du Christianisme. Or s'il n'y avait eu là quelque chose tenant au cœur même de la foi, ils se seraient probablement « accommodés de la métempsycose comme ils le firent de l'idéalisme platonicien ou de la morale stoïcienne » (A. Couture). Mais la pensée grecque sur la réincarnation était trop profondément opposée à la doctrine chrétienne. « Comment croire, à la manière de Platon et de Pythagore, écrit Minucius Félix, au début du IIIe siècle, qu'après la dissolution des corps, les âmes passent plusieurs fois dans d'autres corps nouveaux, voire dans les animaux domestiques, les oiseaux, les bêtes sauvages »? (*Octavius* 34). « Faudrait-il donc, dites-vous, toujours mourir et toujours renaître! » s'indigne Tertullien au même moment (*Apologétique* 48, 10 à 13). Saint Augustin à la suite de saint Irénée eut également à s'expliquer sur ce point avec les gnostiques, pour lesquels il faut échapper à tout prix à la matière, le corps étant mauvais. Combat repris lors de la chrétienté médiévale, lorsque la gnose et le manichéisme resurgissent au XIIe siècle avec les Cathares (les « Purs ») et les Albigeois du Sud de la France. Il est intéressant de noter ici que la perspective de la réincarnation, pour des populations qui se sentaient méconnues et parfois écrasées, traduisait sur un plan doctrinal une protestation sociale. On peut être en effet amené à se réincarner aussi bien en Seigneur qu'en manant. C'est la contestation théologique d'un ordre établi ressenti comme injuste.

Le cas d'Origène. — Mais revenons aux premiers siècles et reprenons le cas d'Origène, souvent invoqué par les réincarnationistes. Origène (185-252) dans la suite de Platon enseignait certes la préexistence des âmes, lesquelles demeureraient avant leur incarnation dans un monde supérieur ou dans la pensée de Dieu. Cette préexistence n'est d'ailleurs aucunement liée de soi à une postexistence dans d'autres corps. Mais il n'a jamais cru à la transmigration au sens où nous l'entendons, même s'il y voyait une thèse digne de discussion. Précisons que s'il enseignait *l'ensomatose,* ou incarnation des âmes dans un corps, il récusait la métempsycose grecque qu'il appelait *métensomatose*, et en particulier toute incarnation dans des corps d'animaux. Tout en flirtant dans certains textes avec le langage réincarnationiste, il s'exprime par ailleurs avec fermeté sur la réincarnation qu'il considère comme « doctrine étrangère à l'Eglise de Dieu qui n'a pas été transmise par les apôtres et n'apparaît nulle part dans les Ecritures » (*Commentaire sur Matthieu* 13, 1). Certes, saint Grégoire de Nysse et saint Jérome l'accusèrent de cette erreur. Mais ce n'est que bien plus tard, au VIe siècle, que l'origénisme fut anathématisé par l'empereur Justinien, anathème qui n'a pas été pour autant repris au Concile de Constantinople de 553. Et s'il n'y a eu aucune condamnation de la réincarnation par l'Eglise, c'est sans doute que cette théorie apparaissait comme si clairement opposée à sa foi, qu'une telle condamnation ne s'imposait pas.

Elle a pourtant perduré au long des siècles comme un élément constitutif de la Tradition parallèle, c'est-à-dire de cette ensemble de croyances ésotériques qui se maintiennent parallèlement à l'enseignement officiel des Eglises. Mais elles se trouvèrent à un moment où l'autre en divorce radical avec le cœur du Christianisme : l'incarnation de Jésus. Si la loi de la transmigration est universelle, de qui Jésus en effet est-il la réincarnation ? Que signifie sa résurrection ? Est-ce l'emprunt provisoire d'un corps de passage ? Les réincarnationistes s'expliquent sur ce point de manières diverses.

Jésus s'est-il incarné ou réincarné ? — Pour les uns Jésus comme Bouddha, Zoroastre, ou Hermès, serait l'un de ces êtres parfaits qui renoncent à la félicité éternelle qu'ils ont méritée et reviennent sur terre pour éclairer par leur parole et leur exemple les humains encore englués dans leur ignorance. C'est la conception bouddhiste des Bodhisattvas. Dans le désir de continuer ce travail spirituel, ils s'infuseraient dans un être très évolué et traverseraient à nouveau toutes les étapes de l'existence. « D'ailleurs Jésus a mentionné cette possibilité lorsqu'il a mentionné : celui qui accomplit mes commandements, mon Père et moi nous viendrons en lui et ferons en lui notre demeure » (O. M. Aïvahnov , *Œuvres complètes,* t. XII, p. 174 s.). Dans cette perspective le retour de Jésus sur terre n'est pas commandé par un karma à payer mais par l'amour. Il n'était pas obligé de se réincarner. Mais on ne peut parler à proprement dit de rédemption. L'attitude de Jésus relève de la simple exemplarité. Nous retrouvons ici le refus gnostique du « scandale de la croix » dont parle l'apôtre Paul, et de la réalité historique de la mort-résurrection.

L'Incarnation n'est alors qu'apparente. « Sans prendre un corps physique séparé, Jésus n'a fait qu'entrer dans un homme vivant, traverser avec lui toutes les étapes, la gestation, l'enfance, la jeunesse, la maturité, et travailler avec lui et en lui », poursuit notre auteur. C'est une sorte de docétisme, hérésie des premiers siècles pour laquelle le corps du Fils de Dieu ne serait qu'une apparence.

Pour d'autres, tel le rosicrucien H. S. Lewis, Jésus serait « la réincarnation d'une des grandes âmes déjà venues sur terre ». Car selon la tradition ésotérique, « les Esséniens, les Nazaréens, et les mystiques de Palestine attendaient la venue d'un Grand Maître qui serait la réincarnation d'un de leurs chefs du passé » (*La vie mystique de Jésus,* p. 69-70).

Sur le processus de la naissance de Jésus toutefois, les points de vue des différentes écoles divergent. H. S. Lewis donne ici une interprétation courante dans l'ésotérisme. Confondant « Immaculée Conception » et « conception virginale » comme le font souvent les gnostiques contemporains, il déclare admettre sans peine l'Immaculée Conception dans laquelle il ne voit

« aucune violation des voies naturelles ou spirituelles ». Parce que les forces parapsychologiques sont capables de produire une fécondation par la puissance de la parole. « Il est courant chez les Rosicruciens (...) d'articuler certaines voyelles, et de diriger par concentration mentale certaines énergies invisibles mais puissantes sur un point focal déterminé, et de provoquer ainsi des modifications dans la matière vivante ou inanimée. Ainsi s'accomplit-on ce que l'on est convenu d'appeler des miracles. » Conclusion : « Il est n'est nullement improbable, et encore moins impossible, que l'Esprit de Dieu ait utilisé certains pouvoirs pour imprégner la matière et réaliser une Immaculée Conception » (*La vie mystique de Jésus,* p. 68).

Le cas Jésus ne serait pas unique. « Il ne fut pas le premier et le seul, mais le dernier et le plus grand de tous les messagers divins conçus de cette manière et nés sur cette terre. » Comme l'enseigne la tradition ésotérique, « les Esséniens, les Nazaréens et les mystiques de Palestine attendaient la venue d'un grand Maître qui serait la réincarnation d'un de leurs chefs du passé ». De même les Juifs pour qui le Messie devait être « la réincarnation d'un rédempteur de jadis (...), peut-être Moïse et très certainement de la maison de David », une sorte d'avatar semblable à ces « messagers de Dieu qui étaient envoyés de temps en temps » aux orientaux comme des « réincarnations des grandes âmes déjà venues sur terre » (*op. cit.,* p. 69-70).

Pour d'autres enfin seul l' « esprit christique » s'est incarné en Jésus « comme un rayon du Christ cosmique » lors de son baptême dans le Jourdain (Max Heindel, *Les enseignements des Rose-Croix,* t. I, p. 192).

Ces différentes explications témoignent de la force des convictions réincarnationistes, mais laissent aussi le sentiment que la transmigration est ici insérée dans un Christianisme qui lui demeure assez étranger.

Incompatibilité radicale
ou simple différence de point de vue?

Faisons le point sur ce dossier complexe. La pensée occidentale marquée par le Christianisme semble difficilement compatible avec l'idée de réincarnation. La plupart des auteurs chrétiens contemporains l'opposent à la notion de résurrection. Cette opposition terme à terme ne vaut d'ailleurs pas exactement pour la réincarnation en Orient, où les deux réalités ne se situent pas au même niveau. La véritable opposition serait plutôt à établir entre résurrection chrétienne et nirvâna bouddhique (ou « délivrance » hindoue) qui représentent l'un et l'autre en deux lignes différentes, le terme à atteindre, l'accomplissement ultime, l'idéal sans retour. Elle est cependant pertinente quand on parle de la réincarnation à l'Occidentale. Celle-ci apparaît en effet comme une nouvelle chance donnée à l'homme et comme un processus de libération et de salut. A l'instar de la résurrection, elle engage une conception de l'existence pour aujourd'hui qui ne se limite pas à l'après-mort. Elle apparaît comme une maturation, un lent apprentissage, un salut personnel à l'intérieur d'un ensemble de Lois cosmiques, réalisé au jour le jour. On peut alors la comparer à la résurrection selon les chrétiens, qui concerne une certaine manière de vivre dans le quotidien le salut proposé par Jésus ressuscité, à travers les sacrements et la vie selon l'Evangile.

Deux façons originales de concevoir l'être humain. — L'une et l'autre engagent également une façon originale de concevoir l'être humain. Elles relèvent nous l'avons vu de deux anthropologies différentes. Approfondissons-en les implications théologiques. Pour le réincarnationiste, l'homme est un composé de différents niveaux bien distincts où la différence essentielle se joue entre une partie centrale spirituelle (l'âme, l'esprit) et une partie physique (plus ou moins subtile) : les corps de plus en plus évolués que l'âme doit revêtir pour progresser dans l'échelle des êtres. Ce dualisme (où le corps n'est d'ailleurs pas perçu comme un élément méprisable mais comme un lieu potentiel du développement de la personnalité) diverge de la conception biblique de l'homme qui en affirme avant tout l'unité.

L'homme selon la Bible, c'est la totalité vivante d'une personne apte à recevoir l'Esprit de Dieu et le don du Salut pour la Vie éternelle. L'âme n'est pas séparée du corps, le sujet humain est un dès l'instant de sa conception. C'est pourquoi l'Eglise primitive n'a pas admis l'enseignement d'Origène sur la préexistence des âmes. Et contrairement aux platoniciens et aux gnostiques qui voient dans le corps la prison de l'âme, la foi biblique y voit une réalité créée par Dieu et donc fondamentalement bonne. Dans cette perspective l'âme est appelée à entrer en communion avec Dieu, et l'on pourra parler en ce sens de son immortalité. Mais seule la résurrection la fera entrer dans le salut et la vie éternelle. — Notons toutefois qu'aux yeux de nombre de théologiens protestants modernes, il y a mort complète et de l'âme et du corps à la fin de la vie de la personne, en attendant sa résurrection.

Autre question d'anthropologie : faut-il voir dans l'homme un composé d'un corps et d'une âme, ou une trilogie corps-âme-esprit, plus proche de la conception sémite de l'homme et du vocabulaire de la Bible ? La question est débattue chez les théologiens, suivant que l'on voit dans cette trichotomie l'expression de trois réalités distinctes, position couramment récusée, ou que l'on voit dans l'esprit de l'homme le lieu où il fait la rencontre de l'Esprit de Dieu. L'enjeu essentiel, pour la foi chrétienne, est ici moins de nature anthropologique (comment l'homme est-il composé ?) que sotériologique (en qui fait-il confiance, en lui-même ou en l'Esprit de Dieu ?). Et dans le vocabulaire du Nouveau Testament, la ligne de démarcation se situe moins entre le corps et l'âme qu'entre les deux lois de la « chair » (ce qui fait vivre l'homme en opposition à Dieu) et de l' « esprit » (qui libère et donne vie). Nous y reviendrons.

On le voit, l'opposition entre réincarnation et résurrection repose sur des divergences doctrinales importantes qu'il s'agit de bien situer. Il faudrait évoquer ainsi les approches différentes du problème de la souffrance et du mal, de l'Au-delà et des fins dernières, de la résurrection du Christ et de la résurrection de la chair, du sens de la vie et de la mort. Attardons-nous sur un point de divergence assez central : les notions de « karma » et de « grâce ».

« Karma » réincarnationiste et « grâce » judéo-chrétienne. — La loi de causalité du karma donne sens à l'existence en permettant au sujet d'endurer sa destinée historique — encore qu'elle ne soit pas toujours aux yeux de certains une explication satisfaisante de la souffrance, car on voit difficilement comment être rendu responsable et puni pour des péchés commis dans une vie antérieure dont on n'a plus le souvenir. A cette loi de rétribution automatique, le Christianisme oppose la foi en un Dieu de la grâce et du pardon. Ne durcissons pourtant pas l'opposition. Le courant hindouiste de la bakhti — la dévotion — récuse l'interprétation rigide du karma comme loi du talion et laisse déjà entendre dans la Bhagavad-Gîtâ que Dieu pourrait intervenir par bon plaisir pour sauver le pécheur. Et Aurobindo (1872-1950) refuse lui aussi ce « code divin de justice primitive et barbare »; chaque renaissance est un nouveau départ, sans régression, pour un nouveau progrès spirituel, qui transcende la nécessité inscrite dans la loi karmique, ramenée à une simple causalité naturelle parmi d'autres causalités.

La théologie chrétienne reconnaît de son côté la part de vérité contenue dans la notion de karma. L'Ecriture rappelle que nos actes par une sorte de justice immanente, portent et porteront leurs conséquences positives ou négatives, et que l'on récolte ce que l'on a semé. C'est une loi naturelle au même titre de celle qui fait dépendre nos actes des traits de tempérament qui constituent notre personnalité à notre naissance. Mais nous ne sommes pas totalement et irréversiblement programmés. Les contraintes objectives ne sont pas des nécessités fatales. Car dans la pensée biblique, Dieu est créateur de l'homme à la fois dans ses conditionnements et dans sa liberté spirituelle à leur égard.

La différence essentielle concerne plutôt la divergence de fond entre la conception réincarnationiste du salut dans sa version orientale, et la conception chrétienne du pardon et de la grâce. Un théologien protestant l'exprime en ces termes. « Le salut est-il un trophée que l'homme doit conquérir par ses propres moyens, au besoin en remettant son ouvrage sur le métier de plusieurs vies successives, ou ne faut-il pas plutôt le comprendre avec le Nouveau Testament, comme un cadeau de Dieu entraînant un changement possible d'attitude de la part de l'homme qui en bénéficie ? » (D. Müller). Dans cette seconde perspective, la justice libératrice de Dieu se manifesterait et se réaliserait une fois pour toutes en Jésus-Christ mourant sur la croix. Le dernier mot appartient à la grâce de Dieu. Et le mal du péché ne peut être imputé à des fautes commises dans d'autres existences, voire à Dieu lui-même, mais il est perçu comme une réalité actuelle qui concerne chacun personnellement et directement.

Les notions de « salut » et de « grâce » en Christianisme sont enfin liées à une perception du temps qui diverge, rappelons-le, de la Weltanschaung communément reçue dans la pensée réincarnationiste où le temps est cyclique et l'existence répétitive, alors que dans la conception biblique le temps est historique et l'histoire humaine unique et non répétable. L'histoire est le lieu de l'expérience humaine du salut, et c'est ce qui lui donne son sérieux métaphysique et éthique, son poids de responsabilité. Ce qui a été manqué une fois ne pourra être rattrapé, sauf par grâce et par don divin. Les réincarnationistes modernes objectent il est vrai : nous avons besoin de plusieurs existences successives pour que la maturation de notre personnalité arrive à sa plénitude, en intégrant successivement toujours davantage d'expérience (jusqu'au retour à son origine divine diraient les platoniciens). Au cœur de cette requête demeure le refus des limites de la condition humaine, approche particulièrement séduisante mais en divergence avec la conception biblique d'une nature humaine issue de Dieu et créée bonne. Il y a là une divergence plus radicale qu'une simple différence de point de vue.

Des réponses différentes à un même questionnement. — Notons toutefois qu'un certain nombre de chrétiens dans la religion populaire ne voient pas cette incompatibilité et s'en accommodent assez bien. Ils trouvent en effet dans la réincarnation une autre version de ce qu'ils ont appris au catéchisme. Le poids du karma personnel amenant à une rétribution graduée dans les incarnations suivantes, remplace la croyance à la rétribution *post mortem* graduée en ciel, enfer et surtout purgatoire. L'explication de la souffrance par le rachat des fautes d'une existence antérieure prend le relais du dogme du péché originel qui a fait entrer la souffrance et la mort dans le monde. La notion de progrès au long de la chaîne des incarnations en fonction des bons actes de la vie présente, prend la place de la comptabilité des sacrifices, actes méritoires et indulgences.

Réincarnation et résurrection apparaissent donc souvent comme des réponses différentes à un même questionnement sur le sens de la vie et de l'après-vie, qui peuvent être chez certains indépendantes de leurs appartenances religieuses originelles.

Note adjointe : anthropologie cartésienne et anthropologie biblique

On a constaté au long de ces pages que la conception introduite par Descartes dans la pensée occidentale, qui ramène la structure de l'homme à deux éléments bien séparés, le corps et l'âme, est un peu courte pour rendre raison de phénomènes se situant comme à la charnière de ces deux principes. Un certain nombre de faits incontournables, autour des preuves de la réincarnation, de la communication avec les esprits des désincarnés, des voyages hors du corps ou dans les vies antérieures sont inexplicables dans le cadre de ce strict dualisme. Il rend tout aussi difficile une exacte compréhension de la doctrine du Christianisme sur la résurrection de la chair.

La plupart des grandes civilisations utilisent d'ailleurs une anthropologie de structure ternaire : Corps, Ame (les deux éléments qui constituent ensemble la « chair » vivante et mortelle), Esprit (immortel). C'est aussi la conception de la Bible et du Christianisme des origines, marquée par la même distinction qu'établit saint Paul entre Corps, Ame et Esprit. Pour éclairer un débat souvent confus, car les mêmes mots ne recouvrent pas toujours les mêmes réalités, certaines précisions se révèlent nécessaires.

Un schéma anthropologique courant en Occident. — La conception de l'homme la plus courante en Occident, dans la suite de Platon et Descartes, le perçoit comme composé de deux substances juxtaposées. Aristote proposait pourtant une anthropologie plus fine : l'âme est la « forme » du corps, elle l' « informe », le constitue en être vivant, comme un principe d' « information » qui intègre et organise la « matière ». Les deux éléments ne sont donc pas séparés.

Dans la même ligne, pour saint Thomas d'Aquin, théologien-phare de la Tradition catholique, l'homme est composé d'une matière multiple et d'un principe d'information (l'âme) qui intègre cette multiplicité matérielle en l'unité d'un organisme vivant. Pour Platon au contraire, nous le savons, l'âme est une substance divine emprisonnée dans un corps après avoir chuté dans la matière. Elle n'a aucun rapport avec lui. Descartes, dans cette ligne, verra dans l'homme un être composé d'un corps fonctionnant de manière autonome comme une machine, et d'une âme parfaitement indépendante. La conception de l'homme sous-jacente aux écrits de la Bible, diverge nettement de ce dualisme.

La structure de l'homme selon la pensée biblique. — Selon la Bible, l'homme est à la fois *chair* et *esprit*. La *chair* c'est le *corps* et l'*âme* indissociablement. Ce ne sont pas trois pièces d'une construction mécanique, mais trois réalités compénétrées pour former un seul être vivant. L'homme ne possède pas une âme : il *est* tout à la fois âme et corps. On le qualifie souvent d' « âme vivante ». Aussi la Bible l'appelle-t-elle indifféremment *bàchar* (chair) ou *nephesh* (âme). De même le Nouveau Testament : cf. Mt 24, 22 ; Mc 13, 10 ; Lc 3, 6 ; Ac 2, 43 ; 3, 23 ; 1 Co 1, 23 ; Rm 2, 9 ; 3, 20 ; Ga 11, 16 ; Ap 16, 3. Et l'Evangile de Jean ne dit pas que le Verbe, la Parole de Dieu s'est fait corps ou âme : il dit qu'il s'est fait *chair* (1, 14).

La chair, *bàchar,* n'est donc pas le corps en tant

qu'il est distinct de l'âme comme l'entendait Descartes ou Platon. Il n'y a d'ailleurs pas de mot dans cette langue pour désigner cette réalité. Un corps sans âme, en hébreu, n'a pas de signification : littéralement il « n'existe pas ». Ou bien l'on veut parler du cadavre. *Bàchar* c'est la totalité de l'être humain, l'être vivant et subsistant. Avec une nuance de fragilité. « Toute chair est comme l'herbe et comme la fleur des champs » (Is 40, 6). *Bàchar* désigne tout spécialement l'homme : « Vraiment c'est l'os de mes os et la *chair* de ma *chair* », s'écrie Adam en découvrant son épouse. Cela signifie qu'Eve est de même nature que lui, à la différence des animaux qu'il avait commencé par recenser quand ils défilaient pour recevoir un nom.

Et *nephesh*? Ce mot a été traduit d'abord par « psyché » en grec, puis par « anima » en latin, et a donné finalement *âme* en français. Mais il ne s'agit pas ici de l'âme conçue à la manière de Platon, chutant du ciel dans le tombeau du corps. *Nephesh* désigne le vivant, la personne humaine. L' « âme » est émanation de l'Esprit « divin » mais elle n'est pas de même nature que lui, alors que pour Platon l'âme était de nature divine et pour cela immortelle. Elle n'est pas préexistante au corps, dans lequel elle serait incarnée à un moment donné, voire réincarnée. Elle est le signe de la vie, si elle n'en n'est pas source. Car la source de la vie, c'est le *ruah* ; l'esprit.

L'homme devient en effet « âme vivante », « chair » au sens plénier, corps et âme, par le « souffle de vie » : l'esprit.

Dans le langage de la Bible on dira de l'*âme* qu'elle « a faim », qu'elle « a soif », « s'attache », « se trouble », « mange », « boit » (cf. Mt 6, 25 ; Jn 12, 27 ; Ps 42, 6). Le terme revêt plusieurs sens. Mais on ne le dit pas de l'*esprit* qui est, lui, divin. Il n'éprouve aucune de ces passions.

Ruah a été traduit en grec par *pneuma,* puis en latin par *spiritus* qui a donné en français *esprit,* onomatopée du « souffle » qui sort de la bouche. Dans la Bible, c'est ce par quoi nous sommes capables de recevoir l'Esprit de Dieu, d'entrer en relation avec Dieu. Le terme *ruah* désigne aussi bien l'Esprit de Dieu que l'esprit de l'homme. Cette relation n'est plus d'ordre psychologique ou biologique mais spirituelle. Saint Paul opposera même l'homme *psychique* (1 Co 2, 10 à 15) ou « charnel » (Rm 8, 1 à 13) à l'homme *spirituel* (Rm 7, 14 ; 1 Co 2, 10 ; Ga 5, 16 à 25), et l'ordre de la *chair* à l'ordre de l'*esprit*. Ce n'est pas ici l'opposition platonicienne entre le corps et l'âme, mais l'opposition entre l'ordre du terrestre (la « chair », le périssable, psychologique et biologique) et l'ordre du céleste ou surnaturel (l'Esprit divin, agissant en l'homme).

Deux visions de l'homme. — L'homme selon la Bible est donc *chair-esprit. Corps-âme* et *esprit* ne sont pas des substances indépendantes l'une de l'autre mais représentent plutôt comme les approches que nous pouvons faire de sa réalité indissociable. Le somatique, le psychique et le spirituel sont en interaction constante dans l'unité de la personne humaine. Et la résurrection des morts dont parle le Nouveau Testament est celle de l'homme tout entier : corps matériel, âme vitale, esprit divin. On est loin d'une conception à la Platon de l' « immortalité de l'âme ». Car l'élément divin, surnaturel de l'homme est l' « esprit ».

En perspective biblique la dualité ne consiste pas en une opposition à l'intérieur de l'homme entre l'âme (immortelle), et le corps (mortel) qui pourrait lui servir de support passager et réitérable à la manière d'une série de coques qu'elle habiterait au long des cycles des renaissances, mais dans une distinction entre *l'homme* (chair, corps — âme indissociablement) et *dieu* (présent en lui par son Esprit). « Si tu retires aux hommes l'Esprit, ils retournent à la poussière » (Ps 104, 29 ; cf. Gn 6, 3). L'âme est le moi biologique qui ne peut vivre avec le corps que par l'action de l'esprit.

Ces précisions éviteront de mettre au compte d'une divergence doctrinale entre réincarnation et résurrection, ce qui relève simplement d'un vocabulaire, voire d'une anthropologie, différents.

Conclusion

UNE CROYANCE QUI APPARAÎT AUX GRANDS MOMENTS DE CRISES DU SENS

La croyance à la réincarnation fait donc partie d'une conception philosophique globale du monde. Elle n'est pas universelle et contemporaine de la naissance de l'humanité comme on l'entend parfois affirmer. Elle semble même relativement récente dans son expression réfléchie. Elle n'apparaît historiquement dans une société que lorsque celle-ci a déjà mis en place un système de pensée, comme le fruit d'une civilisation et d'une culture. En Inde, elle ne se fait jour comme clé d'interprétation du monde qu'avec les Upanishads (700 av. J.-C.) alors que les textes des Védas (2000 av. J.-C.) ne la connaissent pas encore. En Grèce elle apparaît à peu près à la même époque avec l'Orphisme, mais elle était inconnue de l'Iliade et de l'Odyssée. Les textes religieux du Moyen-Orient, assyriens, babyloniens, hébreux, ne s'y réfèrent pas. L'Egypte non plus : dans sa conception de l'Au-delà, les morts sont nettement séparés des vivants. Et l'Afrique se situe dans une toute autre vision des choses.

Elle n'est donc pas une donnée constitutive et irrécusable de la conscience humaine. Mais elle apparaît bien à certains moments clés de l'aventure humaine : aux moments de grande crise du sens. Quand on cherche une nouvelle réponse, religieuse, aux questions métaphysiques sur l'origine et la fin de l'homme, sur le mal et la souffrance. Ce fut le cas avec l'apparition des religions à mystère dans la Grèce antique, au moment où l'institution religieuse officielle s'écroulait. C'est le cas aujourd'hui où un certain retour du religieux dans les sociétés occidentales industrialisées, révèle une quête intense du sens ultime de l'existence, et au moment où les grandes religions instituées cherchent leur second souffle. Doctrine millénaire qui fonde deux des grandes religions d'une Asie en plein développement humain et démographique, elle reçoit, on le sait, l'adhésion de la moitié de ceux qui croient en une survie après la mort. Mais on ne pourra jamais avancer de preuve décisive de sa validité. Ni de sa fausseté. Car si elle se fonde sur la convergence d'un certain nombre d'indices, au même titre que la doctrine de la résurrection, elle relève en dernière analyse d'une adhésion personnelle qui revêt bien des traits de l'acte de foi. Et en cela elle mérite le respect.

BIBLIOGRAPHIE

J. Head et J.-L. Cranston, *Le livre de la Réincarnation,* Paris, Ed. Fanval, 1984.

A. Couture, *La Réincarnation,* Ottawa, Novalis, 1992.

A. des Georges, *La Réincarnation des âmes selon les traditions orientales et occidentales,* Paris, Albin Michel, 1966.

C. A. Keller, *La Réincarnation. Théories, raisonnements et appréciations. Un symposium,* Berne, Peter Lang, 1986.

D. Müller, *Réincarnation et foi chrétienne,* Paris, Centurion, 1987.

Pascal Thomas, *Renaissance, réincarnation et résurrection,* Paris, Droguet & Ardant, 1991.

J.-L. Siémons, *Revivre nos vies antérieures,* Paris, Albin Michel, 1984.

Ian Stevenson, *Vingt cas suggérant le phénomène de Réincarnation* (1974), trad., Paris, Ed. Sand, 1983.

M. Pia Stanley, *Christianisme et Réincarnation, vers la réconciliation,* Paris, L'Or du temps, 1989.

J. Vernette, *Réincarnation, résurrection, communiquer avec l'Au-delà,* Mulhouse, Salvator, 1989.

Ian Wilson, *Réincarnation? The Claims Investigated,* Penguin Books, 1982.

TABLE DES MATIÈRES

Introduction — **Que se passe-t-il après la mort ?** ... 3

Chapitre I — **Un schéma commun sous des conceptions différentes** ... 7

Pourquoi croit-on à la réincarnation aujourd'hui ?, 7 — Bref aperçu historique, 13

Chapitre II — **Pourquoi l'inégalité des destinées durant cette vie ? Les modèles philosophiques sous-jacents** ... 23

Echapper aux réincarnations, objectif premier de l'existence : l'Hindouisme, 23 — Pour arrêter la roue des réincarnations, éteindre la « soif » du désir : le Bouddhisme, 28 — Le modèle grec, 37 — La réincarnation à l'Occidentale, 40.

Chapitre III — **Existe-t-il des preuves scientifiques des renaissances ?** ... 52

Une mémoire des existences antérieures, 53 — L'exploration des vies passées, 67 — Une communication directe avec les esprits avant qu'ils se réincarnent ?, 71.

Chapitre IV — **Des visions du monde clairement identifiables** ... 80

La réincarnation exprime une vision globale des choses, 80 — Une cosmologie, 82 — Temps cyclique et temps historique, 87 — Une réponse spécifique aux questions sur le Sens, 91.

Chapitre V — **Réincarnation et résurrection** ... 99

L'affrontement de deux croyances, 99 — Le Christianisme et la doctrine de la réincarnation, 102 — Incompatibilité radicale ou simple différence de point de vue ?, 115, Note adjointe : anthropologie cartésienne et anthropologie biblique, 120.

Conclusion — **Une croyance qui apparaît aux grands moments de crises du sens** ... 125

Bibliographie ... 127

Imprimé en France
Imprimerie des Presses Universitaires de France
73, avenue Ronsard, 41100 Vendôme
Septembre 1995 — N° 41 649